KB135387

대한민국에 사는
탈북자(새터민)들의 적응실태

- 무엇이 그들의 소외감과 삶의 질에 영향을 미치는가? -

대한민국에 사는 탈북자(새터민)들의 적응실태

- 무엇이 그들의 소외감과 삶의 질에 영향을 미치는가? -

김 영 만

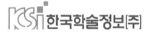 한국학술정보㈜

책 머리에

이 책은 같은 핏줄이면서도 50여년이 넘는 세월동안 분단된 채 살아온 우리 민족의 아픔을 담았다. 같은 시대를 살아오면서도 적대적으로 서로를 바라봐야 했고 교류와 이해보다는 거부와 증오의 대상으로 인식하기도 하였다. 반 백년이 넘는 단절의 시간이 남북한 사람들 간에 심각한 문화적 이질감과 심리적 격차를 생성시켰다. 북한사람들에 대한 우리의 인식은 한민족 같은 동포이면서도 다른 민족에게는 갖지 않는 막연한 불신과 거부감이 잠재되어 있다. '한민족'이라는 감상적 구호나 깃발 아래에서는 애틋한 애정을 가지고 있는 듯 보이면서도 막상 현실 속에서 내 이웃으로 다가왔을 때는 상당한 이질감과 거부감마저 갖고 있는 것이 엄연한 현실이다. 예를 들어 남북한 단일팀을 구성하여 경기한다고 하자. 우리는 남북한이 하나되어 목 놓아 응원가를 부르고 외치면서 우리는 한 핏줄, 한민족이라고 흥분하고 감격해 한다. 그러나 일상으로 돌아와 이웃이 되고 가족이 되어 내 옆에 있다고 가정해보자. 과연 모든 사람들이 이질감과 거부감 없이 같은 공동체의 일원으로 순순히 그리고 너그럽게 받아줄 것인지에 대해서는 선뜻 '그렇다'라고 답변하기 어려운 것이 솔직한 우리들의 현주소이다. 50여년 분단의 세월이 '한민족'을 '남북한사람들'로 만들었고 그 단어 차이 못지않게 남북한 사람들 간에 심리적, 문화적 차이와 이질감을 만든 것이다. 이러한 이질감은 앞으로 남북한이 통일의 길로 가는데 있어 경제적 차이나 정치적 차이 못지않게 크나 큰 걸림돌이요, 장애로 작용할 것이다. 따라서 그 차이점을 연구하고 문제점을 발굴하여 '북한사람'을 '우리'라는 인식 속에서 이해하면서 이질감을 극복할 수 있는 여건을 점진적으로 만들어 나가는 것은 매우 중요한 민족적

과업 중의 하나임이 틀림없다.

이제 그들이 자유를 찾아서, 굶주림의 고통에서 벗어나기 위해서 '북한사람'이 아닌 '한민족'이라는 이름으로 사선을 넘어 이 땅을 찾아오고 있다. 그들은 분명 '북한사람'도 '탈북자'도 아닌 '우리' 땅에 새로운 터전을 가꾸기 위해 찾아온 '새터민'인 것이다. 90년대 초 불과 몇 십 명이었으나 지금은 오천여 명을 훌쩍 넘었을 뿐만 아니라 해를 거듭할수록 가파르게 증가하고 있다. 그러나 우리는 성실한 준비없이 막연히 맞이했고, 그들은 오랜 단절의 세월동안 이질화된 문화적, 심리적 특성과 라이프스타일 등으로 인해 적응하는 과정에서 갈등을 일으키거나 갈등요인을 내재한 채 살고 있다. 우리는 경제적 지원에만 관심을 가졌을 뿐 이 사회에 어떻게 적응하며 삶을 영위해야 하는지에 대해서는 세밀하게 알려주지 못한 것이다. 晩時之歎이지만 지금이라도 남북한 사람들 간의 심리적 차이점과 문화적 이질감을 발굴하고 여기서 파생될 수 있는 문제점을 다각도로 파악하여 그 해결방안을 찾으려는 노력이 필요하다. 이러한 노력은 새터민들의 적응과정에서 발생할 수 있는 잠재적 갈등요소는 무엇이고 이러한 갈등을 해결하기 위해서 필요한 조치는 무엇인지를 알게 할 것이다. 이러한 노력과 그 과정에서 얻어진 값진 교훈은 장차 통일 한국을 준비하는데 필요한 매우 가치있는 산물이 될 것이다.

이 책은 남북한 사람들의 심리적 특성 차이를 설문조사 등을 통해 연구한 결과를 정리한 것이다. 이 연구를 통해 많은 사람들이 새터민들에 대한 적극적인 관심과 긍정적인 이해를 갖도록 하고 더 나아가 그들이 남한 사람들과 한민족으로 더불어 살아가는데 작으나마 도움이 되었으면 하는 바램이다. 더 바란다면, 언젠가는 이뤄질 통일을 준비하는데 필요한 지침서가 되었으면 한다. 또한 이 연구에 적극적으로 지원해준 많은 새터민들에게 감사의 마음을 전한다.

본 연구는 주로 탈북자들의 가치관, 라이프스타일, 고정관념 등의 심리적 특성을 중심으로 남한사람들과의 비교를 통해 남북한사람들의 차이점을 살펴보고, 이러한 것들이 그들의 심리적 소외감과 삶의 질에 어떠한 영향을 미치는지 알아보았다. 이를 위해 남한사람 143명, 탈북자 99명을 대상으로 가치관, 라이프스타일, 귀인양식, 고정관념, 소외감, 삶의 질에 대하여 설문조사를 실시하였다.

서론에서는 새터민과 관련된 기존의 연구결과를 분석하였다. 현재 얼마나 많은 새터민들이 남한사회로 유입되었고, 그들의 적응과정에서 발생했던 주요 문제는 무엇인지 알아보았다. 연구방법에서는 연구대상과 연구 틀을 제시함으로써 연구결과에 대해 신뢰성을 가제하였고 무엇보다도 연구결과를 정확하게 이해하도록 하였다. 연구결과에서는 가치관, 라이프스타일, 소외감을 새터민과 남한사람들 간의 비교를 통해 각 요소별로 차이점을 제시하였다. 끝으로 논의에서는 연구결과에서 얻어진 각 요소별 의미에 대해 상세히 설명하였으며 본 연구의 제한점과 후속연구 방향에 대해서 제안하였다.

차 례

표 차 례

그림 차례

Ⅰ. 서 론

90년대 후반 이후 심화된 북한의 경제적 위기는 폐쇄된 북한사
회 및 조직체계를 심각하게 붕괴시켰다. 이러한 붕괴는 대량의 탈
북자를 발생시켰을 뿐만 아니라 그들의 상당수가 중국이나 제3세계
를 거쳐 남한세계에 유입되는 계기가 되었다. 통일부 통계자료
(2003)에 의하면, 1991년부터 1995년까지 탈북자 수가 9명에서
41명이었던 것이 1996년부터 1998년도까지는 50~100명 사이로
증가하였으며, 1999년에는 148명이 입국하였고 2000년에는 200
명 이상이 입국하였다. 2002년까지 국내에 거주하는 탈북자 수는
3,005명에 달하며, 2002년 한 해에만 1,142명이 대한민국으로
유입되었다. 특히 중국에 흩어져 있으면서 남한에 들어오지 못하는
탈북자 수를 포함하면 10만여 명에 이를 것으로 추정된다. 통일부
(2003)는 향후 3년 이내 대한민국 내 거주하는 탈북자 수는 1만
명을 넘어설 것이라고 예측하고 있다.

이처럼 대한민국에 정착하려는 탈북자들이 급격히 증가하고 있는
가운데, 탈북자들이 대량으로 발생하기 시작했던 90년대 후반을 중
심으로 탈북자 사회정착지원을 위한 관련 법규들이 정비되고 각종
정부차원의 조치와 대책 마련이 집중적으로 취해지기도 했다(윤인
진, 1999b). 이러한 정부적 차원의 탈북자 관련 지원대책(즉, 사회
적응기관 설립이나 정착금 지원과 같은 경제적 보상 제공 등)을 통
해 탈북자관련 문제들이 상당부분 해결되기도 하였다. 그러나 대부
분의 조치들이 사회구조적 대책 마련에 집중되었을 뿐 그들이 남한
사회 적응에 필요한 심리적 대처에 대해서는 상대적으로 관심이 소
홀했던 것이 현실이었다(전우택, 2000). 반면 탈북자들의 남한사회
적응에 관한 최근 연구들에 의하면, 탈북자들의 상당수가 남한사회

적응에 많은 어려움을 겪고 있는 것으로 나타나고 있다(전우택, 1997; 전우택·민성길·이만홍·이은설, 1997; 전우택, 2000). 윤인진(1999a)은 탈북자들을 대상으로 실시한 설문조사와 심층면접을 통해 탈북자들의 적응양상과 적응상의 문제점을 제시하였다. 이 연구에 따르면 가장 전형적인 유형의 탈북자들은 물질적인 측면뿐만 아니라 정신적인 측면에서도 한국사회에 적응하지 못해 고통을 겪는 사람들이었다. 특히 적당한 직장을 갖고 있어 경제적 문제가 없는 탈북자들의 상당수도 남한사회에의 부적응으로 인해 심리적 고통을 받고 있었다. 따라서 탈북자들의 남한사회 적응문제는 경제적 지원만으로 완전히 해결할 수 없으며, 심리적 측면이 포함된 통합적 지원대책이 요구됨을 의미한다. 전우택(1997)은 탈북자 21명을 대상으로 총 48회의 심층면담을 실시하였다. 그 결과 조사대상에 포함된 탈북자들 대다수가 남한사회 적응에 상당한 어려움을 호소하고 있었다. 그들은 경제적 측면의 어려움 외에도 가치관의 차이에 대한 남한사람들의 배타적 태도, 남한사회에 대한 지식과 이해의 부족에서 오는 잘못된 기대와 이로 인한 좌절감, 심리적 적응의 어려움, 그리고 문화적 배경 차이에서 발생하는 의식구조 차이 등을 주된 원인으로 지적하고 있다. 이러한 연구결과들을 종합해 볼 때, 탈북자들이 남한사회에서 겪는 갈등과 심리적 부적응은 다음 두 가지가 주된 원인으로 작용했을 가능성이 높다.

첫째, 정치·경제·사회·문화·역사적 배경 차이에서 오는 남북한 사람들의 가치관 차이와 이로 인한 심리적 갈등과 부적응의 문제이다. 가치관은 사람들의 일상생활과 밀접한 관계를 맺고 있다. 남한과 북한은 오랜 분단 상황 속에서 각기 다른 정치, 경제, 사회 문화적 특성을 발전시켜왔다. 특히 탈북자들의 대부분이 분단 이후에 태어났으며 사회주의와 원시산업, 권위주의와 주체사상 등으로 규정되는 사회에서 다른 체제를 전혀 경험하지 못한 채 살아왔다. 반면 남한사회는 자본주의와 현대산업, 자유 및 개방 등으로 특징

져지는 사회에 부합된 가치관을 형성해왔다. 민경환(1994)은 이러한 배경적 차이를 통해 형성된 남북한 사람들 간 이질적 요소들이 남한사람들과 북한사람들 간의 서로 다른 가치관을 갖게 만드는 주된 원인이 된다고 주장하고 있다. 따라서 탈북자들의 남한사회 적응과정은 가치관의 차이를 지각하면서 시작될 것이다. 그들은 적응과정에서 자신의 가치관을 수정하거나 버림으로써 남한사회에 순응하거나, 이중적 가치관을 지닌 채 살거나, 아니면 자신의 가치관을 그대로 고수하면서 살고자 할 것이다. 어찌됐든 남한사람들과 가치관의 차이가 클수록 남한사회에 적응해야 하는 탈북자들의 심리적 부담감은 더욱 클 것이고, 이것은 탈북자들의 남한사회 적응에 중요한 요인으로 작용할 것이다.

둘째, 남북한 사람들 간 형성된 잘못된 인식이나 의식구조의 차이로 인해 발생하는 문제이다. 남북한은 50여 년이 넘는 분단의 시간 동안 상대방에 대해 알 수 있는 기회가 매우 적었다. 북한사람들의 경우 남한을 포함한 외부와의 소식이 단절된 채 체제유지에 부합된 교육만을 받아왔다. 이러한 폐쇄된 체제하의 교육은 외부, 특히 남한에 대한 왜곡된 정보를 제공함으로써 북한사람들로 하여금 남한사회에 대한 인식과 지각의 오류를 만들어낼 가능성이 있다. 또한 남북한의 적대적 관계를 고려해 볼 때, 남북한사람들 간의 고정관념은 부정적일 가능성이 높다. 남한사람들을 대상으로 북한사람들에 대한 고정관념을 조사한 기존연구들에서도 매우 주목할 만한 결과들을 보여주고 있다. 차재호(1992)는 대학생과 일반인으로 구분하여 북한사람들에 대한 고정관념을 조사한 결과 대학생에 비해 일반인들이 북한사람들에 대해 더 부정적 고정관념을 가지고 있는 것으로 나타났다. 주목할 것은 최근 김혜숙과 오승섭(1999)의 대학생과 일반인을 대상으로 실시한 동일한 연구에서도 일면 긍정적으로 변화된 측면도 있었으나 여전히 유사하게 부정적으로 지각하고 있다는 것이다. 이러한 결과는 10여 년 전에 비해 북한사람들에 대한 고정관념이 그다지 변화되지 않았음을 나타낸다.

이에 반해, 탈북자들과 관련된 심리적 측면의 연구는 자료획득이나 접근의 어려움으로 인해 상당히 제한된 것이 현실이다. 탈북자를 대상으로 진행된 연구는 주로 탈북자들의 사회 부적응 문제 등 실태조사에 국한되었으며(윤인진, 1999; 전우택, 1997, 2000; 조영아, 2002), 주로 남한사람들을 중심으로 북한사람들에 대해 느끼는 고정관념, 사회적 거리감, 태도 등 몇 가지 분야에 한정되어 연구가 진행되어 왔다(김혜숙, 1993, 2000; 김혜숙과 오승섭, 1999; 이수정, 1999; 전우영, 1999; 전우영과 조은경, 2000; 정진경, 1999). 문제는 이러한 결과만으로 그들의 문제점이 무엇이고 또한 그 원인은 무엇인지 종합적으로 이해하기 어렵다는 것이다. 본 연구에서는 탈북자들의 적응문제, 더 나아가 남북한사회통합에 대한 대처에서 심리적 측면의 접근이 매우 중요하다고 보았다. 이를 위해 탈북자들과 남한사람들을 대상으로 북한사람들과 남한사람들 간의 가치관 차이, 그리고 고정관념과 귀인양식 등을 중심으로 의식구조의 차이를 체계적으로 조사하였다. 특히 이러한 요인들이 탈북자들의 소외감에 미치는 영향과 소외감 수준에 따른 삶의 질을 연계하여 살펴봄으로써 탈북자들의 심리적 부적응의 원인을 탐색하고 그 해결방안을 예시하고자 하였다.

본 연구는 세 가지 측면에서 조사가 진행되었다. 첫째, 탈북자들의 가치체계와 의식구조를 중심으로 전반적인 심리적 특성을 살펴보았다. 특히 남한사람의 그것과 비교함으로써 어떤 차이를 가지고 있으며 심리적 부적응에 어떠한 영향을 미치는지 알아보았다. 탈북자들의 가치체계를 살펴보기위해, 먼저 나은영·차재호(1999)의 가치관 척도를 사용하여 탈북자들의 가치관을 측정하였다. 다음으로는, 황상민과 양진영(2002)의 세대가치와 라이프스타일 척도를 사용하였다. 세대가치 및 라이프스타일 측정은 개인의 가치관 측정에 나타나지 않는 맥락적 요인들을 측정함으로써 가치관을 입체적이고 다양하게 살펴볼 수 있는 장점이 있다. 특히 탈북자들에 대한 라이프스타일 측정 결과를 개인적 발달차원의 가치관과 비교 및 통합함으로써 개인적 차원뿐만 아니라 사회문화적 측면의 영향요인까지 파악하고자 하였으며, 남한사람들의 가치관과 라이프스타일 결과와 비교함으로써 그 차이를 확인하고자 하였다. 또한 이영호 등(1985)이 번안하고 원호택 등(1993)의 연구에 사용한 귀인양식을 참고함으로써 가상적 사건들에 대해 탈북자들의 내부, 안정성, 총체성 귀인차원을 조사하였다. 탈북자들에 대한 귀인양식 측정은 그들의 원인과 결과에 대한 추리과정을 이해함으로써 현재와 미래 행동을 예측하고, 그것이 심리적 부적응에 어떠한 영향을 미치는지 살펴볼 수 있다. 마지막으로, 특질형용사를 이용하여 탈북자들에 대한 고정관념의 내용을 조사하고 탈북자들이 생각하는 북한사람들에 대한 인식과 비교하였다.

둘째, 소외감을 소외영역과 유형별로 조사하고 비교함으로써 탈북자들과 남한사람들이 느끼는 소외감의 차이를 살펴보았다. 특히 탈북자들의 가치관, 라이프스타일, 귀인양식과 연계하여 살펴봄으로써 소외감에 영향을 미치는 요인은 무엇인지 알아보았다.

셋째, 탈북자들의 삶의 질과 만족도를 하위유형별로 살펴보고, 어떤 유형이 삶의 질에 가장 영향을 미치는지 살펴보았다. 또한 소외영역 및 유형별로 삶의 질에 영향을 미치는 요인을 살펴보고 소외감 수준에 따른 탈북자들의 삶의 질 수준을 알아보았다. 이를 통해 전반적인 남북한의 가치체계와 의식구조 차이와 탈북자들의 심리적 부적응의 원인을 탐색하고 그 해결방안을 예시하고자 하였다.

Ⅱ. 이론적 배경

지금까지의 탈북자들에 대한 연구들은 탈북자들의 적응 양상과 적응 문제에만 초점을 맞추거나, 아니면 남한사람들이 가지고 있는 북한사람들에 대한 고정관념과 편견, 사회적 거리감이나 가치관 등 어느 한 측면만을 중심으로 연구가 진행되어왔다. 남북한 사람들의 고정관념이나 가치관 차이 등을 비교하여 그 차이점을 밝히거나, 이러한 차이점을 탈북자들의 남한사회 적응문제와 연계하여 조사함으로써 탈북자들의 부적응 원인과 해결방안을 제시하려는 연구는 미흡하였다. 반면, 탈북자들의 적응 양상과 적응 문제에 대한 연구 (윤인진, 1999a)에서는 많은 수의 탈북자들이 물질적 측면 외에 정신적 측면에서도 한국사회 적응하지 못해 고통을 받고 있는 것으로 나타났다. 북한사람에 대한 고정관념, 거리감, 가치관에 대한 많은 연구들(김혜숙, 2000; 이수정, 1999; 전우영, 2000, 정태연, 2002)에서는 북한사람들에 대한 잘못된 지각과 인식이 탈북자들의 남한사회 적응과정에 부정적 영향을 미칠 수 있음을 지적하고 있다. 본 연구는 선행 연구에서 제시한 탈북자들이 남한사회 적응에 영향을 줄 수 있는 여러 심리적 문제에 초점을 두었으며 그 해결방안을 제시하고자 하였다.

이를 위해 첫 번째 단락은 남북한의 이질적 요소와 그로 인한 탈북자들의 심리적 특성을 다양하게 살펴보고 남한사람과의 비교를 통해 차이점을 제시하였다. 두 번째 단락에서는 탈북자들의 심리적 특성과 남한사람과의 차이가 탈북자들의 심리적 부적응에 어떠한 영향을 미치는지 소외감을 중심으로 살펴보았다. 세 번째 단락에서는 탈북자들의 소외감 수준에 따른 삶의 질 문제에 대해 알아보았다.

1. 남북한의 이질화 및 탈북자들의 심리적 특성

　사람들은 살고 있는 시대가 제공하는 독특한 삶의 경험들에 의해 인생이 형성됨과 아울러, 삶을 매우 다양하게 만드는 주요한 사회 문화적 변화들은 사회구성원들의 삶의 과정에 강한 영향을 미친다 (Elder, 1981; 1994). 한국사회는 해방 이후 경제적 고속성장이 한국사회의 정치 사회 문화 의식구조 등 모든 분야에서 다양하고 급속한 변화를 가져왔다. 농업사회로부터 공업 및 산업사회를 거쳐 정보화 사회로의 급속한 사회변화 과정을 경험하였으며, 이러한 과정을 통해 한국 사람들의 세대별 가치관의 변화와 적응을 경험하게 하였다(나은영·민경환, 1998). 반면, 북한체제는 자본주의적 경험이 제한된 가운데 통제된 사회 속에서 남한에 비해 별다른 변화를 느끼지 못하고 살아왔다. 이처럼 남북한은 50여 년이 넘는 세월을 서로 다른 체제 속에 살아왔다. 이러한 시간 속에서 남한과 북한의 정치, 경제, 사회문화적 특성이 각기 다른 발전 경로를 통해 진행되어 오면서 상당히 이질적으로 변모하여 왔다. 정치·경제·사회·문화적 배경 차이는 삶의 방식에 강한 영향을 미치면서 서로에 대한 인식과 지각에 차이를 발생시키고 서로 다른 가치관을 갖게 한다. 본 연구에서는 남북한의 이질화 현상에 대해 주목하면서 이러한 이질화 현상이 남북한사람들 간의 인식과 지각, 가치관 등에 어떠한 영향을 미쳤는지, 그리고 그들의 세대가치와 라이프스타일에 대한 조사를 통해 사회맥락적 측면의 변화도 살펴보았다. 아울러 탈북자들과 남한사람들이 자신에게 일어나는 성공이나 실패에 대해 어떻게 생각하는지 귀인양식을 통해 측정하여 비교함으로써 남북한사람들 간의 차이점을 살펴보았다. 마지막으로 고정관념의 내용을 조사하고 탈북자들 스스로가 인지한 특성과 남한사람들이 인지한 탈북자들의 특성과 비교하여 살펴보았다.

(1) 남북한의 이질화 현상

남한과 북한이 둘로 갈라선지 50여 년이 흘렀다. 각기 다른 이념과 사상을 가진 채 지나온 분단의 세월은 한 민족이라는 동일한 가치관과 의식을 가지고 살아온 우리 민족에게 남한과 북한이라는 두 체제를 중심으로 엄연히 다른 이질적 요소를 만들어 냈다. 따라서 남한과 북한이 50여 년이 흐르는 동안 어떠한 이질화 현상을 겪고 있는지, 이것이 남한과 북한의 가치관과 세대의식 차이에 어떠한 영향을 미쳤는지 살펴볼 필요가 있다.

임현진과 정영철(1999)은 남한과 북한사회의 동질적 부분과 이질적 부분을 체계적으로 분류하여 제시하고 있다. 동질적 측면에서 보면, 남북한 모두가 우리는 한 민족이라는 강한 민족의식을 공유하고 있으며, 약간의 차이는 있지만 여전히 집단주의적 가치관을 가지고 있다. 또한 유교적 가치관이 전승되었거나 잔존하고 있으며, 자족적, 온정적, 그리고 연대적 가치의식을 공유하고 있다는 것이다. 반면에, 60여 년의 분단의 역사로 인해 이질적 요소도 상당히 나타나고 있다. 먼저 이념체계에서 보면 남한이 자유민주주의 시장경제를 신봉하며 개인주의적 가치관을 더 강하게 갖고 있는 반면, 북한은 주체사상에 바탕을 둔 사회주의적 체제로서 집단주의적 가치관을 보이고 있다. 다음으로 규범적 가치의식의 측면에서 보면, 남한이 개인의 권리 중심의 개인적 도덕관과 합리적 사고를 중시하는데 반해 북한은 집단의 이익 중심으로 집단주의적 도덕관을 가지고 혁명적 사고를 중시한다. 그리고 근대화와 전통의 측면에서 보면, 남한이 근대화 지향적인데 반해 북한은 전통 지향적이다. 마지막으로 선호되는 가치 순위에서 보면, 남한 사람들은 "행복한 가족관계", "편리한 삶", "자유", "타인의 인정", "국가의 안정" 등의 순으로 가치를 중요시하는 반면에 북한 사람들은 "국가의 발전", "평등", "편안한 삶", "행복한 가족관계", 그리고 "자유"의 순으로 중요시하는 등 다양한 측면에서 이질적 속성이 존재하는 것으로 나타났다(표 1 참조).

표 1. 남북한의 이질화 현상

항 목	남 한	북 한
이념체계	자유민주주의, 시장경제적 개인주의	주체사상, 사회주의적 집단주의
규범적 가치의식	개인의 권리 중심 개인주의적 도덕관 합리적 사고 중시	집단의 이익 중심 집단주의적 도덕관 혁명적 사고 중시
근대화와 전통	근대화 지향적	전통지향적
선호되는 가치순위	행복한 가족관계 편리한 삶 자유 타인의 인정 국가의 안정 등	국가의 발전 평등 편안한 삶 행복한 가족관계 자유 등

임현진, 정영철(1999). p.353에서 인용

한편, 민경환(1994)은 남북한사회문화의 이질성으로서 몇 가지 차별적 특징을 지적하고 있다. 첫째, 남한은 자본주의 사회의 특성을 그리고 북한은 사회주의 사회의 특징을 가지고 있다. 자본주의적 남한사회는 자유경쟁의 정신을 바탕으로 진취적, 자율적, 개인주의적, 경쟁적인 측면이 강하며, 사회주의적 북한사회는 통제된 공동작업을 원칙으로 하며 수동적, 집단주의적, 협동적인 태도가 바람직한 것으로 받아들여지고 있다는 것이다. 둘째, 남한은 후기 산업사회의 특징을 지녔지만 북한은 초기 산업사회의 특징을 지니고 있다. 이 산업구조상의 차이점은 주민들의 생활양식과 사고방식에 차별적으로 영향을 미칠 것이며, 특히 두 세계의 주민들이 서로 만날 때는 많은 갈등의 소지가 있을 것이라는 점이다. 셋째, 남한은 개방사회로 볼 수 있지만, 북한은 폐쇄사회의 측면이 강하다.

외교관계 등에서 북한의 폐쇄성과 통치사상으로서의 주체사상은 남
북한주민들 간에 가치관 및 태도에서 많은 갈등을 가져올 것이다.
넷째, 남한은 자유사회에 가깝지만 북한은 권위주의 사회에 더 가
깝다는 것이다. 북한의 철저한 권위주의적 통치 형태는 그 주민들
로 하여금 당연히 자유와 개인적 권리에 대해서 매우 제한된 개념
을 지니게 만들 것이다.

　최현과 김지영(1995)에 의하면, 탈북 월남동포들은 남한 청소년
의 성격상의 장점은 개인적 자유로움과 적극성이며 단점은 이기성
으로 지적한 반면에, 북한 청소년의 장점은 단결력이며 단점은 소
극성이라고 지적하였다. 이것은 남북한이 각기 상이한 교육목표와
상이한 청소년 육성체제를 통해서 각각 비정형화된 개인주의적인
청소년상(남한)과 정형화된 집단주의적 청소년상(북한)을 지향해온
데에서 기인한다고 볼 수 있다. 성영신·서정희·심진섭(1995)은
월남동포 면접 연구를 통해 북한주민들이 '고집이 세고 배타성이
강하고, 남들과의 사교생활에 습관적이지 못해 폐쇄적이고 융통성
이 없으며, 틀에 박힌 듯하고 경직되어 있다'고 보았다. 김정규
(1995)는 북한주민들의 정서생활이 몹시 메마르고, 인간 개인이
필요로 하는 기본적인 욕구들을 지나치게 억압한다고 보고 있다.
그에 의하면, 북한주민들은 오랫동안 물질의 결핍을 감내하며 살아
왔고, 그래서 개인적 욕구를 억압하는 생활을 해왔기 때문에 이러
한 욕구억압적 행동이 굳어버렸을 가능성을 제기하고 있다. 성영
신·서정희·심진섭(1995)의 연구에서도 북한이탈주민들은 대부분
의 남한 사람들이 사치스럽고 퇴폐적인 측면이 있다고 비난하였다.
이들이 특히 남한 사람들의 소비행동과 욕구표현 행동에 대해 민감
한 반응을 보인 것은, 자신의 욕구를 억압해온 사람들이 타인의 자
유로운 욕구표현에 대해 비판적인 태도를 보인다는 임상적 발견들
과 맥을 같이 하고 있다.

　도종수(2000)는 대중매체와 대중문화에 관련하여 남북한 차이를

언급하였다. 남한은 자본주의 이념에 따라 신문, 방송이 비교적 자유롭게 운영되고 있으며 영화, 음악, 패션, 스포츠 등 모든 영역에서 다양한 형태의 대중문화를 접할 수 있는 반면에 북한은 신문이나 방송이 당의 근원적인 통제를 받고 있으며 국가적인 정치교육의 틀 안에서 사상교양과 선전 동원에 이용되고 있어서 다양한 대중문화를 접할 수 없다고 지적하고 있다.

일반적으로 가치관의 구성요소와 단위는 가치-가치 지향-가치체계-가치관 등 각 차원에서 목표가치, 표준가치, 도덕가치, 미적가치로 파악되는데 실제적으로 사회가치는 사람들의 태도·판단·선택의 기준이 되기 때문에 사람들이 갖는 가치관은 사회에 대한 태도의 내용을 규정하고 실천의 동기가 되며 사회 집단이 지향하는 가치 체계를 이루게 된다(박세영, 2002). 북한체제는 남북 분단 이후 서로 다른 이념 속에서 50년이 넘는 시간을 보냈다. 이러한 시간 속에서 남한과 북한의 정치, 경제, 사회문화적 특성이 각기 다른 발전 경로를 통해 진행되어 오면서 상당히 이질적으로 변모하여 왔다. 북한사회는 노동당을 정점으로 조직되어 있는 통제사회, 수령 유일 체제가 모든 가치를 지배하는 사상적 획일적 사회라고 할 수 있다. 또한 개인의 능력보다는 출신성분, 당성에 따라 신분을 차별하는 계급사회이며, 사유재산제도를 인정치 않는 노동계급의 독재사회, 4대 군사 노선으로 구축된 전시체제인 병영사회의 특징을 보이고 있다. 북한의 사회·문화는 개인의 자율적인 창의력에 기초되어 있지 않고 철저하게 정치구조에 예속되어 있으며, 모든 것이 당성·계급성·사회주의 원칙을 관철하는데 초점이 맞추어져 있다. 그러나 동시에 북한이 이러한 원칙에 입각한 '위로부터'의 사회·문화정책만 시행한 것이 아니며, 시대적 상황에 따라 일반 주민들이 사회 및 문화활동에 참여할 수 있는 기회와 시설도 확충함으로써 제한적이기는 하지만 북한주민들의 욕구를 수용하는 사회·문화정책도 추진하였다(울산시 교육청, 2002). 최근 북한사회에서는 개인, 원초집단, 2차 집단, 국가의 네 수준에서 모두 사적 영역이 점차 확대되고 있다. 오늘날 북한사회에서는 북한주민들 사이에 집단주의 원칙을 따르기보다는 남보다 쉽게 많은 이익을 얻고자 친척, 친구, 연인관계의 연줄을 활용하여 개인이익을 추구하는 뇌물, 절취행위 등의 독직 행위가 만연되고 있다. 문화적인 영역에서도 제2문화, 즉 사적 자율화가 점차 싹트고 있다. 예컨대 록음악과 디스코, 남한 노래에 대한 애창, 패션의 자율화 등이 그것이라고 할 수 있다. 이수원과 신건호(1995)는 남북한주민들의 실제 가치관에서 이질화 현상을 주목하였다. 남한주민들은 '행복한 가족관계'와 '편안한 삶'과 같은 개인적 권익과 자유를 선호하는 반면, 북한주민들은 '국가의 안전'과 같은 전체 집단의 이익과 평등을 상위의 가치로 인식하고 있는 것으로 보고하고 있다. 또한 '자유'와 '평등'의 가치의식 비교에서도, 남한주민은 자유를 평등보다 더 선호한 반면에 북한주민은 평등을 더 선호하는 것으로 나타났다. 이러한 가치의식의 차이는 두 사회의 상이한 체제 및 이데올로기에 따른 규범적 인지양식의 차이에서 기인되는 것이다. 즉, 남한의 개인주의와 북한의 집단주의 인지양식이 반영된 것이다.

  요약하면, 북한은 강력한 정치적 억압체제하에 감시와 통제가 이루어지는 사회이며 강력한 권위주의 사회로 구성원 간에 신뢰가 부족하고 이에 따른 솔직한 자기표현이 부족한 사회이다. 이에 비해 남한은 비교적 사회적인 감시와 통제가 없는 사회로, 권위주의를 비판하고 배격하기는 하지만 실제적으로는 상하관계에 근거한 솔직한 자기표현이나 신뢰가 부족한 사회이다. 또한 남한은 북한에 비해서 자신이 노력한 만큼의 개인적 대가가 주어지는 자본주의와 법에 기초한 자유민주주의 사회, 다양한 문화가 존재하는 개방사회이다. 이에 비해 북한은 공동생산, 공동분배의 공산주의 사회, 한 개인이 자본주의로, 폐쇄사회에서 개방사회로 변화과정에 있는 사회이다. 또한 서구 국가에 비해서는 남한과 북한 모두 집단주의 성향이 비교적 강한 유형의 사회이지만 북한은 남한에 비해 상대적으로 이러한 집단주의 전통이 높은 사회이다(조영아, 2002).

(2) 탈북자들의 가치관

여기서는 탈북자들의 가치관에 대한 기존 연구를 통해 남한과 북한사람들 간의 차이는 무엇인지 살펴보았다. 정태연(2002)은 최근에 탈북한 66명(이들은 한국에 입국한지는 2개월 미만이었으나 대부분 2-3년 전에 북한에서 이탈하여 중국, 베트남 등을 거쳐 한국으로 망명한 경우이었음)을 대상으로 그들의 사회심리적 특성(집단주의-개인주의, 성격특질차원, 비전통적 성행동에 대한 태도, 가치평가 차원 등)에 대해 연구하였다. 이들을 Triandis(1995) 척도를 사용하여 측정한 결과 수직적 집단주의 특성이 강하게 나타난 반면 수평적 개인주의 특성은 가장 낮게 나타났다. 이러한 결과들은 개인주의적 성향이 강해지고 있는(나은영·민경환, 1998; 나은영·차재호, 1999; 황상민·양진영, 2002) 한국사회와는 상당히 다른 현상이다. 10개 성격특질 차원(폐쇄적, 권위적, 이기적, 감각적, 획일적, 현실적, 무기력, 퇴폐적, 순종적, 보수적)에서 평정한 결과 자신에 대한 성격평가는 매우 긍정적으로 지각하였다. 반면, 북한의 젊은 세대에 대해서는 기성세대에 비해 폐쇄적, 권위적, 획일적, 무기력, 순종적 및 보수적 차원에서 낮았으나 퇴폐적 차원에서는 보다 높게 나타났다. 비전통적인 성행동에 대한 태도(결혼 전 성관계, 결혼 후 부정한 성관계 등)에서는 상당히 부정적이었으며 성역할에 대한 고정관념에 대해서는 상당히 보수적 이었다. 반면 남한사람들에 대해서는 비전통적인 성행동에 대한 태도에서는 덜 부정적인 것으로, 성역할에 대한 고정관념에 대해서는 대단히 개방적인 것으로 지각하였다.

　탈북자들을 6개의 가치평가 차원(물질주의, 실리주의, 편법주의, 안정주의, 귀속주의, 온정주의)상에서 자신의 가치관을 평정토록 한 결과 자신의 가치관을 매우 바람직한 방향으로 평가하였다. 반면 북한의 젊은 세대들의 가치관에 대한 탈북자들의 평가는 상대적으로 상당히 부정적으로 나타났다. 즉 물질주의, 실리주의, 편법주의 및 귀속주의를 높게 평가하였으며 온정주의는 중간수준으로, 안정주의는 낮은 평가를 하였다. 또한 북한의 성인세대의 가치관에 대해서는 안정주의와 온정주의에서는 젊은 세대보다 높고 나머지 4개의 차원에서는 상대적으로 낮게 평가하였다. 탈북자들이 평가한 남한사람들의 가치관에 대해 살펴보면, 이들은 남한사람들이 상당히 물질지향적이고 실리주의적이며 귀속주의적인 가치관을 가지고 있는 것으로 평정하였다. 반면 편법주의, 안정주의 및 온정주의에서 낮게 평가함으로써 남한사람들이 편법적이지 않으며 변화지향적이고 온정에 이끌리지 않는 가치관을 가지고 있다고 보았다.

　이러한 차이는 탈북자들이 남한사회 적응에 어려움을 겪을 수 있음을 암시한다. 전우택(2000)은 탈북자들이 겪는 적응상의 어려움을 의식구조 차이로 설명하고 있다. 북한에서 전통 유교적인 태도, 즉 예절바르고 권위주의적이며 여성을 매우 낮게 대하는 태도를 갖고 살다가 남한에서 자유 분망한 생활 및 사고방식, 여성의 대등한 위치 등을 접하면서 갈등을 경험하게 된다. 특히 북한사람들의 순수 가치지향적 태도, 직선적이고 경직된 사고방식, 이분법적 사고방식, 집단적 사고방식 등은 다양한 남한사회 적응에는 어려움이 될 수 있다. 이러한 상황에서 가치관 차이가 매우 큰 남한사회에서 모든 것을 새로 배워야 하는 입장에 놓이게 된다. 이러한 현실은 탈북자들의 자립심과 자신감을 훼손하거나 심리적 불안과 수동적 태도를 가지게 한다(정태연, 2002). 뿐만 아니라 이들은 북한에 두고 온 가족에 대한 죄의식과 그리움, 그리고 남한사회로 귀순함으로써 야기되는 심각한 외로움과 불안 및 초조함을 경험함으로써 남한사회 적응에 부정적 영향을 미칠 수 있다. 또한, 돈에 대한 양가적 감정을 가질 수 있다. 말하자면 이들은 돈을 절실히 필요로 하면서도 돈의 노예가 되기는 싫어하는 태도를 보일 수 있다. 그뿐 아니라 돈을 버는 방법에 대해서도 마찬가지 일 수 있다(전우택, 2000).

김정규(1995) 탈북자들과의 면담을 통해 자신의 욕구를 억제하려는 성격이 지나치게 강하다고 기술하고 있다. 이러한 욕구억압적 성격은 여러 가지 결핍과 통제를 참아내야 하는 북한사회 전체분위기와 연관이 있다(민성길, 2001). 특히 이러한 억압적 환경 속에서 형성된 분노상실과 학습된 무력감은 탈북자들의 남한사회 적응과정에서 기대와 현실과의 괴리감을 겪을 경우 상실감, 무능함, 열등감으로 나타날 수 있다(정태연, 2002; 전우택, 2000). 한편, 탈북자들은 매사에 조심스러워하는 태도를 보이며 좀처럼 자신의 속을 내보이지 않고 대인관계에서 피해의식이 많은 것으로 나타났다. 같은 탈북자들에 대해 혹은 정부의 정책에 대해 경계하고 의심하며 확인하는 태도를 보이는 등 상대를 잘 신뢰하지 않는 경향이 있다(김정규, 1995; 전우택, 2002). 실제로 일부 탈북자들을 가까이 돕는 민간단체의 자원봉사자들도 탈북자들을 지원하면서 겪었던 어려움으로 불안과 불신의 문제를 꼽는다(전우택 등, 2001). 이러한 탈북자들의 의심이나 경계의 태도는 북한에서의 경험과 매우 관련되어 있다(민성길, 2000). 북한에서의 적개심은 교육을 통해 고취되기도 한다(민성길, 2002). 북한에서 행해지는 정치사상교육을 통해 남조선 지배층을 향한 적개심이 의식적, 무의식적으로 발전되며(박갑수, 1993), 이러한 과정을 통해 정당화된 분노와 적개심은 남한사회에서 어떠한 위협이나 부당한 대우를 받았을 경우, 상대방에 대한 공격이나 자신에 대한 좌절로 발전될 수 있다(조영아, 2002). 실제로 탈북 청소년들이 집단 폭행이나 패싸움이 발생하거나 돈을 갈취하는 등 폭력을 통해 문제를 해결하려는 경우가 남한사람들에 비해 상대적으로 빈번하게 일어난다(조영아, 2002).

탈북자들의 또 다른 성격적 특성으로 가장 흔히 지적되는 것은 배
타적이고 경직된 사고와 이분법적 논리전개가 강하다는 점이다(김
정규, 1995; 민성길, 2000, 2001; 성영신 등, 1994). 전우택
(1997)은 탈북주민과의 면담을 실시한 결과, 합리적 사고를 비겁
하다고 간주하며 단순하고 경직된 사고가 뚜렷하다고 보고한다. 이
러한 사고는 북한의 흑백논리적 교육방식과 합리적 사고방식을 접
할 수 없는 북한의 사회적 특성이 반영된 결과이다(김정규, 1995;
민성길, 2001).

이러한 연구결과를 종합해볼 때, 탈북자들이 가지고 있는 가치관
이 남한사람들의 그것과 차이가 존재할 수 있음을 나타내주며 이러
한 차이는 탈북자들이 남한사회 적응에 어려움을 겪을 수 있음을
암시하기도 한다. 본 연구에서는 지금까지 조사되지 않은 가치관을
중심으로 남한사람들과 탈북자를 동시에 측정함으로써 기존의 결과
와 종합하고 남한사람들과 탈북자들의 가치관 차이를 비교하였다.

(3) 탈북자들의 세대가치와 라이프스타일

남한사람들과 탈북자들의 의식과 가치체계의 차이에 대한 연구는
개개의 가치관 척도를 이용한 측정뿐만 아니라 세대가치나 라이프
스타일 같은 한 시대의 흐름을 중심으로 형성된 가치를 종합적으로
살펴볼 필요가 있다. 이것은 개인의 심리적 특성과 행동방식 또는
가치나 태도에 영향을 미치는 사회적 맥락을 설명할 수 있으며 사
회 구성원이 공통적으로 가지는 생활양식을 이해할 수 있다. 여기
서는 세대 및 세대가치의 변화를 알아보고 라이프스타일과 비교하
여 연구하였다. 세대가치나 라이프스타일에 대한 연구는 개개의 가
치관 연구를 통해 나타나지 않는 사회적 맥락의 영향과 생활양식을
이해할 수 있다. 따라서 남한사람들과 탈북자들의 가치체계의 차이

에 대한 연구는 가치관 측정과 아울러 세대가치나 라이프스타일을 동시에 측정함으로써 그 차이를 복합적으로 이해할 수 있게 한다. 이를 위해 본 연구에서는 탈북자들 대상으로 측정하여 남한사람들의 그것과 비교하고자 하여 살펴보았다. 구체적으로 세대 간 차이에 따라 가치관의 차이가 더 크거나 적어질 것이다. 라이프스타일은 이러한 차이를 구체적·세부적으로 분명히 드러내 보일 것이므로 본 연구에서는 세대 간 차이와 라이프스타일을 연구할 것이다.

① 세대 및 세대가치 변화

세대는 아버지와 자식세대처럼 상호 관계의 위치를 구분하거나, 청소년세대나 장년세대처럼 생애순환주기의 어느 단계에 있는 사람을 지칭할 때, 또는 4.19세대나 유신세대와 같이 어떤 특정한 역사적 경험을 공유한 사람들을 총칭할 때, 그리고 나이를 먹음에 따라 연령층을 함께 이동하는 동년배집단(cohort)을 의미할 때 사용한다(구자숙·한준·김명언, 1999). Mannheim(1952)은 세대를 사회학적 측면에서 설명하고 있다. 어떤 특정한 사회적, 역사적 공간에 태어난 연령집단은 자신들을 하나로 긴밀히 결합시키는 특정한 공동경험을 하게 되며, 이를 통해 '우리'라고 할 수 있는 공통적인 정서를 형성하게 된다. 이것이 하나의 세대를 구성하는 기초라고 설명한다. 따라서 비슷한 시기에 태어났다는 사실만으로도 어떤 역사적 사건과 상황을 '생애순환주기(life cycle)'상으로 동일한 단계에서 유사한 방식으로 경험할 가능성이 높은 것이다. 황상민·양진영(2002)은 개인의 심리적 특성과 행동방식 또는 가치나 태도가 형성되는 과정에서 작용하는 사회적 맥락을 '세대'로 가정하고, 세대라고 이름 붙여진 사회적 표상은 마치 규범과 같이 그 사회 속의 개인이 저항할 수 없이 그 틀에 의한 행동을 하게 만든다고 주장한다. 따라서 각기 다른 동년배 집단의 사람들은 각 연령 대에서 해결해야 하는 발달과업이나 연령규범들과 상호작용 하여 서로 비슷한 생애 경로(life course)를 만들기도 하며, 동일한 세대집단이 가진 가치, 삶의 경험이나 태도에 대한 설명뿐만 아니라 다른 세대와의 차이점도 설명할 수 있다고 밝혔다.

 Elder(1981, 1994)는 시간의 흐름에 따른 사람들의 삶을 분석한 결과를 바탕으로 그들이 살고 있는 시대가 제공하는 독특한 삶의 경험들에 의해 인생이 형성됨과 아울러, 삶을 매우 다양하게 만드는 주요한 사회 문화적 변화들은 사회구성원들의 삶의 과정에 강한 영향을 미친다고 밝혔다. 윤진(1985)은 한 사회를 구성하는 특정 세대의 행동은 그 사회의 문화적 효과, 출생동시집단 효과(cohort) 및 연령효과의 산물로 보고 있다. 말하자면, 동일한 사회의 서로 다른 세대들은 연령 및 역사·문화적 경험의 차이로 인해 다양한 측면의 차이가 있을 수 있음을 의미한다. 2000년대 20대는 1070년에 20대를 보냈던 현재의 50대와는 전혀 다른 가치와 태도를 가진 사람이라고 할 수 있다. 비록 그들이 20대라는 동일한 연령을 거쳤고 현재 같은 시대를 살고 있다할지라도, 그들이 경험했던 특수한 역사적·사회문화적 맥락에 의해 서로 다른 의식구조와 행동방식을 보이게 된다. Mannheim(1952)은 질적으로 다른 성장배경이 세대 차이를 형성하는 주요요인임을 밝혔다. 즉 청소년기의 경험은 그 이후의 경험들에 의미를 부여하는 토대로 작용하며, 이러한 누적된 경험들(stratification of experience)이 의식을 형성하는 기반이 되어 세대 간의 차이를 나타내게 된다고 밝혔다. 박재홍(1999)은 한국사회의 세대별 특성에 대한 연구에 의하면 40세 이상 기성세대의 생애 사를 질적으로 분석한 결과를 바탕으로 응답자 다수가 반복적으로 중시하는 생애 주제들은 경제적 궁핍, 도시이주와 직업 활동, 사회갈등(성차별, 민주화 운동, 세대갈등) 등 세 가지임을 제안하면서 기성세대의 젊은 세대에 대한 세대차이 인식이 기성세대 개개인의 생애 사적 배경을 바탕으로 하고 있음을 밝혔다.

따라서 탈북자들의 경우도 나이 많은 사람과 적은 사람 간 남북한의 가치공유에 차이가 있을 가능성이 존재한다. Inglehart(1997)는 한국을 물질주의에서 탈물질주의로 가장 급속하게 변화하는 나라로 규정하고 있으며, 사회가치규범의 급속한 변화로 인해 서양문화권의 미국이나 유럽은 물론 동양문화권의 일본이나 중국에 비해 가장 세대차이가 큰 나라임을 지적하고 있다. 나은영·민경환(1998)은 해방 이후 경제적 고속성장이 한국사회의 정치 사회 문화 의식구조 등 모든 분야에서 다양하고 급속한 변화를 가져왔다고 주장한다. 한국사회는 약 50여 년이 지나는 동안 농업사회로부터 공업 및 산업사회를 거쳐 정보화 사회로의 급속한 사회변화 과정을 경험하였으며, 이러한 과정을 통해 한국 사람들의 세대별 가치관의 변화와 적응을 경험하게 하였다고 보고한바 있다. 한국인의 가치관 변화와 세대차 변화에 대한 연구(나은영·차재호, 1999)에 의하면, 1990년대 말에 가장 눈에 띄는 한국인의 가치관 특성은 1) 자신과 가족 중심의 개인주의 증가(특히, 젊은 층과 고학력/고소득층을 중심으로), 2) 여성에 대한 의식 변화(사회활동, 정조관념 등), 3) 탈물질주의 가치 증가 경향 주춤(IMF 이후 물질주의 쪽으로 약간 되돌아감), 4) 자기주장성 및 불확실성 수용경향 증가 등으로 나타났다. 이런 측면에서 볼 때 1970년대에 비해 뚜렷한 시대변화를 보인 가치관은 주로 남녀평등 의식, 자신과 가족 중심의 개인주의, 자기주장성 및 풍요로운 생활의 추구차원에서 관찰되었다(황상민·양진영, 2002). 구체적으로 뚜렷한 세대차 증가를 보인 항목들은 주로 풍부한 인생 중시, 정조관념 및 상하구별 경시, 개인주의의 증가와 관련된 가치들이다. 자기주장성, 남녀평등 의식 및 풍요로운 생활을 향한 변화를 젊은 층은 비교적 빨리 받아들이고 고 연령층은 뒤늦게 수용하기 때문에 세대차나 가치의 이중성은 사회의 변화 속도에 비례하여 그만큼 커지게 된다(황상민·양진영, 2002). 이러한 변화는 한규석·신수진(1999)의 연구에서도 유사하게 나타나, Triandis(1995)의 개인-집단주의와 수직-수평의 두 축을 이용하여 측정한 결과 한국인이 선호하는 가치가 수직적 집단주의에서 수평적 개인주의로 변화한다고 보고하였다. 즉 한국인의 가치 집단 유형은 수평-개인주의자(46%), 수평-집단주의자(28%), 수직-집단주의자(21%), 수직-개인주의자(5%)의 순으로 분포되었으며, 비록 개인주의자들과 집단주의자들이 비율 면에서 비슷하게(51% 대 49%) 나타났으나 중요한 것은 수직적 사회(26%)에서 수평적 사회(74%)로 전이현상이 뚜렷하게 나타나고 있다는 것이다. 특히 낮은 연령 대와 고학력 대 모두에서 개인주의로의 변화 경향이 강하게 나타났으며, 모든 계층에서 수평성향자가 수직성향자보다 압도적으로 많이 나타났다. 이것은 한국사회의 문화가 전통의 수직-집단주의에서 수평-개인주의로 변화하고 있다는 것을 의미한다.

한편, 박재홍(1995)은 1970년대에 출생한 10대 후반에서 20대 초반의 젊은이를 지칭하는 고유명사로서 신세대를 정의하며 이들의 독특한 집단적 사회경험을 신세대 특성과 관련하여 설명하였다. 즉 경제(경제적 풍요), 문화(범지구적 문화공동체), 정치(동구권의 붕괴, 국내정치의 안정), 교육현실(통제와 자율)과 관련된 사회구조적 배경이 대중 소비문화의 발달과 관심/욕구의 다원화라는 문화적 매개변인을 거쳐 소비지향적이며 개인지향적이고 탈권위지향적인 신세대의 특성을 형성한다고 설명한다. 나은영 등(1998)은 한국사회를 기성세대와 신세대로 구분하여 세대 간 차이에 대해 연구를 하였다. 그 결과 한국사회는 유교적 전통주의와 산업화 과정에서 발생한 새로운 가치관에 의해 기성세대와 신세대 간 서로 다른 이중적 가치관이 형성되어 공존하는 '전이적 공존'이 존재한다고 밝혔다. 즉 전통·근대·탈현대라는 각기 다른 시대에 발생할 수 있는 가치의 틀이 동시대에 존재하는 '비동시성의 동시적 공존' 현상이 나타난다는 것이다. 따라서 연구시점에 따라 기성세대와 신세대는 '근대적 생각이나 규범, 그리고 전통적 관행과 행동에 얽매이는 정도'에 따라 차이가 날 수밖에 없다는 것이다. 특히, 신세대는 탈 근대적 생각과 행동을 한다는 측면에서 사회의 변화에 따른 생각이나 규범에서의 이중성은 적으나, 사회의 공식적인 규범을 만들어낼 만한 힘이 없기 때문에 이들이 가지고 있거나 표현하는 생각이나 규범은 공식적 규범과 행동과 심각한 괴리를 지니게 되는 것이다(나은영 등, 1998).

탈북자들 중 가장 오래된 세대는 역사적 사건을 공유하고 있으나 6.25 이후 분단세대부터 신세대까지 전혀 공유하고 있지 못하다. Kohr(1995)에 의하면 통일 이후 청소년들의 경우, 상이한 체제 내에서 나고 자랐기 때문에 공동의 기억을 전혀 가지고 있지 못했고 이로 인해 많은 갈등이 발생했다고 한다. 그들에게는 같은 민족이라는 친근감보다는 새로운 유형의 인간을 대해야 한다는 당혹감이 더 컸고, 그 결과 활달하고 약삭빠른 서독 청소년과 둔하고 순진한 동독 청소년들 사이에 통일 전에는 없었던 적대감까지 나타나게 되었다. 이러한 현상은 상이한 체제에서 자라온 사람들이 상대방의 특성에 대해 이해하고 한 민족으로서의 유대감을 회복하는 것은 매우 힘든 일임을 보여주고 있다.

② 라이프스타일과 비교 연구

라이프스타일(Lifestyle)이란 사회전체 또는 사회의 일부 구성원들이 공통적으로 가지고 있는 생활양식을 말한다(Lazer, 1963; 박성연, 1996에서 재인용). 1960년대 초반부터 마케팅과 소비자행동 분야에서 라이프스타일 분석방법이 본격적으로 사용되기 시작했으며, 시장 세분화 의 기준으로서 마케팅 관리에 활발히 이용되고 있다. 라이프스타일 연구는 효과적인 시장세분화의 기준이 될 뿐만 아니라, 사회인구학적 변인만으로는 충분히 설명되지 못하는 소비자들의 구매 행동을 입체적으로 설명할 수 있으며, 소비자들의 생활상이 어떻게 변화하고 있는지를 보여줌으로써 사회적 동향을 예측하는데 도움이 된다고 알려져 있다(Solomon, 1994; 채서일, 1993; 박성연, 1996). 현재 가장 많이 사용되는 분석의 틀은 VALS(가치와 라이프스타일: Values and lifestyles)분석법과 AIO(활동, 관심, 의견: Activities, Interest, Opinions)분석법 그리고 사이코그래픽(Psychographics)분석법 등이 있다(Solomon, 1994).

　라이프스타일의 연구 틀은 서로 다른 문화 간 차이와 공통점을 이해하는 데에 많이 사용되고 있다. 이강철과 김우성(1997)은 한국과 일본의 응답자들을 대상으로 라이프스타일을 비교분석하였다. 일본의 경우에는 사회문화형과 자기충족형 라이프스타일이, 한국의 경우에는 신세대형 라이프스타일이 부각되고 있다는 결과를 얻었다. 그리고 일본의 경우에는 30·40대의 사무직 여성이 전체 소비문화의 리더 역할을 하고 있으며, 결과적으로 일본의 소비문화는 전체적으로 여유와 자기만족을 지향하고 있다고 분석했다. 반면 한국의 경우에는 20·30대의 대학생과 직장 초년생이 전체적인 소비문화를 주도하고 있으나, 소비적인 유흥을 지향하는 경우와 그 반대로 대부분의 소비활동에 참여하지 않는 비참가형이 함께 존재하는 등 다양한 모습을 보이는 것으로 나타났다. 정용길과 박종갑(2001)은 한국과 캐나다 거주 대학생들의 라이프스타일을 거시적 라이프스타일 분석법으로 비교했다. 그 결과 한국 대학생들은 외향적 독립성향이 가장 높고, 본질주의적 성향이 가장 낮았던 반면, 캐나다 대학생들은 호기심 및 진취적 성향이 가장 높았고 진보적 유행추구성향이 가장 낮은 것으로 나타났다. 황상민 등은 한국인의 라이프스타일에 대한 일련의 연구(황상민, 1999; 황상민과 양진영, 2001; 황상민과 양진영, 2002)를 통해 한국인들이 스스로에 대해서 생각하는 가치요인을 추출하고 이를 통해 한국인의 라이프스타일을 탐색하였다. 이 연구는 Reynold와 Darden의 라이프스타일 분석틀을 기반으로 하되, 이들이 사용한 Kelly의 개인별 구인

이론의 방법론인 Q-sort 방식을 사용해 한국인들에게 공유되는 라이프스타일 가치와 행동방식 요인을 추출하는 방식을 사용했다. 특히 이들은 기존 연구(구자숙·한준·김명언, 1999; 김명언·김의철·박영신, 2000; 나은영·차재호, 1999; 황상민, 1999; 황상민·양진영, 2001)에서 세대모형과 세대특성, 그리고 세대 차이를 나타내는 문항을 중심으로 작성된 89개 문항을 요인분석을 통해 57개 문항 8개 요인(전통적 가족주의, 전통적 집단주의, 개인주의, 문화적 개방성, 물질주의, 사회의식, 능력과 역할주의, 전통위계의식)으로 축소하여 정리하였다. 이를 통해 2·30대 대학생과 대학원생을 대상으로 라이프스타일을 연구하였다. 그 결과 비교적 동질적이고 집단주의적으로 살아왔던 한국사회가 이제 각기 다른 모습을 가진 동년배 집단으로 구분되며, 이런 세대의 표상은 동일한 사회에 각기 다른 행동과 태도를 지닌 사회집단을 출현시켰다고 보고하였다. 즉, '해방전후복구세대'와 '근대화세대'는 전통가치에 기반을 둔 모습으로, '경제부흥기세대'는 물질주의적 성공과 사회적 성공에 전념하는 모습으로 표현하였다. '민주화세대'는 개혁세대로서, '자율화세대'는 새로운 것을 감각적으로 수용하는 개방적 성향의 이미지로서, 그리고 '신인류세대'는 자기표현을 마음껏 뚜렷하게 하는 이미지로서 그려냈다. 그들은 이렇게 세대별로 그려진 이미지들 간의 유사성에 따라 4개의 세대유형-전통·보수형, 중도·안정형, 사회·개혁형, 개인·개방형-으로 다시 구분하였다. 즉 '해방전후복구세대'는 '전통·보수형'이, 근대화세대는 '중도·안정형'과 '전통·보수형'이, 경제부흥기세대는 '중도·안정형'이, 민주화세대는 '중도·안정형'과 '사회·개혁형'이, 자율화세대는 '사회·개혁형'과 '개인·개방형'이 각기 대표적이라고 보고하였다. 말하자면 한국사회의 60대 이상인 최고령인 '해방전후복구세대', 한국사회의 허리 역할을 하는 40대인 '경제부흥기세대'와 가장 어린 청소년층인 '신인류세대'는 각기 하나의 유형들로 뚜렷하게 대표되지만, 이들 세대들의 중

간다리 역할을 하는 세대인 50대의 '근대화세대', 30대의 '민주화세대'와 20대의 '자율화세대'는 각기 두 가지 유형들이 서로 섞여서 존재한다고 보고하고 있다. 따라서 동일한 세대일지라도 가치관이나 특성의 차이가 크며, 이것은 동시대의 사회적, 문화적 현상이 다르게 받아들여진다는 것을 의미한다고 주장한다. 예를 들어 사회적 현상으로서 월드컵응원, 공동체주의나 10대들 사이에서 일어나는 반미운동현상을 경험할 때 나타나는 유사점과 차이점을 단순히 연령적으로 구분한 세대개념보다 가치와 라이프스타일에 기초한 심리적 세대유형이 보다 분명하게 설명해 줄 수 있다는 것이다. 특히, 이 연구에서 사용했던 분석방법은 서로 다른 국가나 집단의 문화 간 공통점과 차이점을 보여줄 수 있는 유용한 틀이 될 수 있다.

(4) 탈북자들의 귀인양식

귀인이란 행동의 원인에 대한 추론과 이해를 하는 원인 추리과정으로 특히 이는 귀인자의 추후 행동이나 감정에 영향을 줄 뿐더러 지난 일에 대한 귀인이 미래의 결과를 결정하는데 영향을 줄 수 있다(Heider, 1958). 따라서 탈북자들의 원인 추리과정과 현재와 미래 행동을 예측함으로써 탈북자들의 남한사회 부적응의 원인을 탐색하기 위해서는 그들의 귀인양식을 조사하고 그것을 남한사람과 비교하고 그 차이는 무엇인지 살펴볼 필요가 있다.

Heider(1958)의 연구에 근간을 두고 이루어진 귀인 연구에서는 귀인 소재를 내적-외적(internality-externality), 안정성-불안정성(stability-unstability), 전반성-특정성(globality- specificity)으로 설명하였고 최근에는 Weiner(1985)가 통제성을 추가하여 설명하였다. Abramson 등(1978)이 주장한 귀인이론에 의하면 자신의 실패를 설명하는 방식에 따라서 그에 대한 반응이 결정되는데, 특히 부정적 귀인양식을 갖고 있는 경우보다 더 심리적인 취약성을 보인다고 하였다. 즉 실패에 대해 문제를 해결하는 자신의 일반적인 능력부족과 같은 내부 요인에 귀인하게 되면 자존심에 회의를 느끼게 되는 반면, 외부에 귀인하게 되면 자신이 타인보다 능력이 없다고 지각하지 않기 때문에 자존심에 대한 회의를 느끼지 않는다. 또 안정성 차원은 무기력의 지속기간을 결정하는데, 부정적 사건에 대한 원인을 자신의 무능력과 같은 안정적 차원에 귀인 한다면 무기력 증상이 오랫동안 지속되지만 변동적이고 일시적인 원인에 귀인 한다면 무기력의 지속기간은 짧아질 것이다. 뿐만 아니라 통제 불가능 경험이 특정 상황뿐 아니라 여러 다른 상황에도 영향을 미친다고 지각되는 전반적 요인에 귀인 한다면 무기력은 생활의 좀 더 넓은 영역으로 확산될 것이라고 했다. 그러나 여러 경험적 연구결과들은 정상인과 우울집단 간 귀인양식의 차이를 일관되게 설명해주지 못하였고 (Brewin, 1985; Perterson & Seligman, 1984), 또한 지지하는 연구들에서는 특히 내부차원의 귀인양식의 설명변량이 적었다(이영호, 1993). 오히려 부정적 사건에서 내부귀인이 효과적인 대처에 도움이 될 수 있음을 발견했다(Brewin, 1985). Weiner(1985)는 귀인에서 통제감의 중요성을 언급하면서 귀인과정은 개인이 사건의 원인이 얼마나 자신의 통제력 안에 있다고 지각하는지에 따라 다르다고 보고 통제가능성을 독립된 귀인차원으로 볼 것을 강조하였다. 이 통제성 차원은 안정성(stability) 차원과도 중첩되는 부분이 있으나 통제성 차원이 안정성 차원과 구별되는 특징은 자신의 지각된 통제감 (perceived controllability)을 의미하고 자신의 노력에 의해 사건의 원인이 변화 가능함을 지각하는 것을 의미한다(Janoff-Bulman, 1979).

귀인양식 측정은 탈북자들의 원인과 결과에 대한 이해와 추론을 파악할 수 있으며 부정적 귀인양식의 정도를 파악함으로써 심리적 취약성은 무엇인지 살펴볼 수 있게 한다. 그러나 아직 탈북자들의

귀인양식에 대한 연구는 보고된 바 없다. 반면, 탈북자들의 적응양
상에 대한 연구는 그들의 가치체계에 대한 연구와 아울러 그들의
행동 적용방식을 동시에 살펴보는 것이 필수적이다. 따라서 탈북자
들에 대한 가치관, 세대와 세대가치, 라이프스타일에 대한 측정과
아울러 귀인양식을 추가적으로 측정하여 남한사람들의 그것과 비교
해볼 필요가 있다. 이를 통해 동일한 사건에 대해 행동의 원인에
대한 추론과 이해체계의 차이를 비교함으로써 탈북자들이 남한사회
적응과정에서 그들이 갖고 있는 심리적 특성이 어떠한 방식으로 적
용하는지 그 과정과 결과를 예측할 수 있을 것이다.

(5) 탈북자들에 대한 고정관념

　모든 사회에는 다양한 집단들이 존재한다. 이들 집단들은 성이나
지역, 계층, 인종, 문화 등 여러 가지 기준들에 의해 사회적 집단
으로 구분되어진다. 대부분의 사람들은 이들 집단과 관련하여 고정
관념을 갖고 있다. 일반적으로 고정관념이란 많은 사람들이 특정집
단에 대해 공유하고 있는 신념이라고 할 수 있다. 이러한 고정관념
은 사람들이 어떤 특정한 개인의 행동을 관찰한 후 그로부터 인상
을 형성하거나 평가를 하는데 영향을 미친다. 사람들은 특정개인을
평가할 때 개인의 객관적인 수행이나 자질보다는 개인과 관련된 집
단범주에 대한 고정관념에 기초하여 평가를 할 때가 많다. 또한 고
정관념은 때로 집단 간 차별과 적대감을 조장함으로서 사회구성원
들 간의 관계를 악화시키는데 영향을 미치기도 한다.
　최근 남한사람들이 북한사람들의 특성에 대하여 어떻게 지각하는
가를 조사한 연구결과(김혜숙·오승섭, 1999)를 보면, 남한대학생
들의 경우 북한사람들의 특성을 패쇄적이고, 협동단결력이 높으며,
순박하고, 배타적이며, 질서의식이 강하다고 평정하였다. 이에 비

해 일반인들은 대학생들이 느끼는 특성 이외에도 공격적·침략적 특성을 추가적으로 지각하였다. 반면, 전우영(1999)과 전우영·조은경(2000)은 남한사람들이 북한사람들에 대해 가지는 고정관념은 북한사람들의 하위집단에 따라 달라진다는 흥미로운 사실을 지적하고 있다. 전우영(1999)은 우리나라 대학생들이 북한, 남한 그리고 남북한 사람들의 여러 하위집단(즉, 국민, 지배층, 피지배층, 여성, 남성 등)의 특성을 어떻게 지각하는지에 대해 고정관념적 남성성(즉 지배층, 주도성)과 여성성(즉 공동체 지향성, 협동성 혹은 관계지향성)의 차원에서 검토하였다. 그 결과 대학생들은 북한과 북한사람을 구분하고 또한 지배층과 피지배층을 구분하여 지각하여, 북한과 북한 지배층은 남성적인 특징을 가지는 것으로 지각한 반면, 북한 동포와 북한 여성, 북한 피지배층 및 북한 소녀에 대해서는 여성적 특징을 가지는 것으로 지각하였다. 즉 남한 대학생들은 북한나라와 북한 지배층에 대해서는 유사하게 공격적이고 지배적이라고 지각하였으나, 북한 동포, 북한 여성, 북한 피지배층과 북한 소녀에 대해서는 가정적이고, 정직하며, 희생적이고, 호감이 간다고 지각하였다. 이 연구는 북한사람에 대한 남한 대학생들의 고정관념이 일률적이지 않고 하위집단에 따라 달라지며, 또한 북한나라에 대한 지각과도 차이가 난다는 흥미로운 사실을 보여주었다. 김혜숙·오승섭(1999, 연구 1)도 유사한 연구결과를 보여주고 있다. 북한과 북한사람들에 대해 떠오르는 바를 자유롭게 적게 하였는데, 북한의 경우 '기아', '폐쇄', '가난', '공산당', '무기' 등의 순으로 나타났다. 반면 북한사람들에 대한 반응은 '안타깝다', '빈곤', '동포', '주체사상', '우매함', '초췌함', '폐쇄적' 등으로 나타나, '북한사람'들에 대한 반응이 '북한나라'에 대한 반응보다 더 감정이입적이고 긍정적임을 알 수 있다.

남북한은 50여 년의 분단과 각기 다른 정치·경제·사회·문화적 배경을 가진 채 살아왔다. 이러한 배경적 차이는 남북한사람들을 매우 이질화시켰다(민경환, 1994; 민성길, 2001; 이수원과 신건호, 1995; 전우택, 2000, 2002; 조영아, 2002; 최현과 김지영, 1995 등). 따라서 탈북자들의 심리적 특성과 그것이 미치는 영향은 무엇인지 살펴보기 위해서는 사람들의 인식과 지각이나 가치관이 개인 발달적 측면과 사회문화적 맥락에 의해 동시에 영향을 받는다는 것을 고려할 때, 다음 네 가지 측면의 접근이 필요하다. 첫째는 탈북자들에 대한 인식과 지각, 즉 탈북자들에 대한 고정관념과 그 차이를 비교하는 것이다. 둘째는 각 개개인의 가치관을 살펴보고 그 차이를 비교하는 것이다. 셋째, 유사한 특성을 지닌 세대 또는 동년배 집단으로 구분하고 집단별 가치와 라이프스타일을 동시에 비교함으로써 맥락적 요인에 의한 영향을 살펴볼 수 있다. 이를 통해 개인적 차원의 가치관과 집단적 차원의 가치를 포함하여 전반적인 차이를 살펴볼 수 있을 것이다. 넷째, 행위결과에 대한 귀인양식과 심리적 취약성에 대해 알아볼 필요가 있다. 귀인양식은 구체적 행동의사와 결과에 대한 원인을 어떻게 인지하는지 파악할 수 있어 탈북자들의 인식과 지각, 그리고 가치관을 보다 구체화 시킬 수 있다. 다섯째, 탈북자들의 고정관념의 내용을 살펴보고 탈북자들 스스로가 인지하고 있는 특성과 남한사람들이 인지하고 있는 탈북자들의 특성을 비교해볼 필요가 있다. 그러나 아쉽게도 탈북자를 대상으로 북한사람들의 가치관을 중심으로 단편적으로 연구한 결과들은 일부 보고 되고 있지만(정태연, 2003; 조영아, 2002; 채정민, 2003) 탈북자들의 고정관념, 가치관, 세대별 가치와 라이프스타일, 그리고 귀인양식과 고정관념을 포함하여 남북한 사람들의 특성을 비교하는 등 전반적인 남북한 사람들의 이질화된 인식과 지각, 그리고 가치관을 살펴본 연구는 현재까지 없는 실정이다. 따라서 탈북자들의 적응양상을 정확하게 이해하기 위해서는 이러한 복합적인 측정을 통해 전반적으로 살펴보는 것이 매우 중요하다.

2. 탈북자들의 심리적 부적응

사람들은 환경에 끊임없이 적응해야만 살 수 있다. 환경은 끊임없는 자극을 제시하며 사람은 그 반응에 반응하여야 한다. 강한 자극에 적절히 반응하지 못하면 신체적으로나 심리적으로 여러 가지 바람직하지 못한 상황에 놓이게 된다. 이러한 상황을 부적응이라고 한다. 급격한 환경의 변화가 생길 때 사람들은 적절한 반응을 하지 못하고 부적응을 나타내는 경우가 많다. 1945년 이후 50년 이상 지속되고 있는 한반도의 분단 상황에 있어 90년대 중반 이후의 중요한 특징의 변화 중 하나는 '탈북자의 급증'이다. 1994년 이전만해도 매년 40-50명 이내에 불과한 탈북자들이 남한에 들어왔으나 1994년을 기점으로 급격히 증가하고 있는 추세이다. 특히 2002년 이후에는 매년 1,000명 이상의 탈북자들이 남한에 유입되고 있는 실정이다(통일부, 2002). 문제는 이들 중의 상당수가 심리적 부적응 현상을 겪고 있다는 것이다(윤인진, 1999a; 전우택, 1995, 1997, 1999, 2000; 전우택・민성길・이만홍・이은설, 1997; 전우택, 2000).

전우택 등(1997)은 탈북자들을 대상으로 총 48회의 심층면담을 실시하여 탈북자들의 남한사회 심리적 적응문제를 다음과 같이 보고한 바 있다. 첫째, 외로움이었다. 이들은 남한사람들과는 남한사람들의 개인주의적 사고방식, 경제적 열등감, 자신의 삶의 원칙과 다른 사람들에 대한 배타적인 태도 등으로 말미암아 사귀기 힘들어하였다. 동시에 다른 탈북자들과도 사귀기 힘들어하였는데 그것은 탈북자 간의 사회적, 정치적 사고, 사적인 삶의 가치관의 차이에 대한 배타적 태도(예를 들면, 김일성과 김정일 부자에 대한 호칭, 돈에 대한 태도 등), 서로에 대한 의심 등이었다. 이들은 양자로 남한 가정에 들어가는 것도 간섭을 받는 것에 대한 거부감으로 거절하였다. 그리고 북한에 두고 온 가족에 대한 생각으로 인하여 남한에서 새로 결혼하는 것에도 어려움을 가지고 있었다. 둘째, 남한 사회에 대한 지식과 이해의 부족으로 인한 어려움이 있었다. 우선 '경제적으로 잘사는 남한 사회'에 대한 지나치게 높은 초기 기대감과 그에 따른 좌절감, 남한사회의 사회악에 노출되면서 느끼는 혼란, 남한사람들의 통일에 대한 무관심, 남한사회에서 필요한 정보를 습득하는 방법의 무지에 따른 어려움, 남한 언어의 이질화로 언어적 장애를 느끼는 것 등이 여기에 속한다. 넷째, 심리적 적응의 어려움이 있었다. 즉 북한에 대한 생각을 어디까지 긍정적으로 가져야 하고, 어디부터 부정적으로 가져야 하는가에 대한 구분의 혼란이었다. 그것은 자신의 북한에서의 삶이 가진 가치를 어디까지 인정하여야 하는가와 연관되는 것이었다. 또한 자신들이 남한에 들어 온 것에 대한 만족감에 대한 갈등, 북에 두고 온 가족들에 대한 죄책감, 남한에서 자신들을 돕고 있는 종교 기관들과 그 종교들의 심리적 갈등이 있었다. 다섯째, 의식구조에 따른 적응상의 어려움이 있었다. 북한에서 전통 유교적인 태도, 즉 예절바르고, 권위적이며 여성을 매우 낮게 대하는 태도 등을 가지고 살다가 남한에서 자유 분망한 생활 및 사고방식, 여성의 대등한 위치 등에 어려워하였다. 또한 북한 사람들의 순수한 가치지향적인 태도, 직선적이고 경직된 사고방식, 이분법적 사고방식, 집단주의적 사고방식 등이 어려움이라고 호소하였다. 이러한 연구결과는 탈북자들의 심리적 부적응은 남북한사람들의 가치관의 차이, 상대방에 대한 지각과 인식, 즉 부정적 고정관념의 차이와 이로 인한 부정적 기대감과 그 차이에 의해서 발생할 수 있음을 의미한다.

한편, 남북한과 유사한 분단을 경험했던 동서독의 통일과정에서도 많은 심리적 부적응과 갈등의 문제를 발생하였다. Maaz(1990)는 구동독의 사회주의 억압체제 아래 살았던 동독 주민들의 정신생활을 보고하였다. 그는 기본욕구의 충족의 양과 질이 근본적으로 건전한

발전을 하느냐 아니면 병적인 발전을 하느냐가 결정적인 요인이라고 하였다. 자신의 욕구를 계속 충분히 충족시킬 때만이 인간에게는 규칙적인 긴장해소가 되고 이와 더불어 확신, 신임, 자기가치, 믿음, 그리고 희망에 대한 근본경험이 가능하다. 이와 반대로 기본 욕구가 충족되지 않을 때 긴장, 노여움, 불만 그리고 불안의 상태가 야기된다. 이 상태를 Maaz는 결핍 증후군이라고 하였다(오수성, 2001에서 재인용). 정상적으로 인간은 결핍상황에 대해 감정적 반응을 하며, 이를 통해 심적 부담을 덜게 된다. 그러나 이와 같은 감정까지도 금지될 경우 감정정체가 초래되어 불안정, 열등감, 불신, 절망 그리고 무의미 등을 경험하게 된다. 엄격한 통제와 처벌이 있는 억압적인 사회체제에서 불안이나 좌절감을 표현하기 어렵기 때문에 감정정체가 일어난다. 이런 감정정체는 남한으로 탈출한 탈북자들에게 나타날 수 있다. 탈북자들은 남한사회와의 급격한 만남은 우선적으로 기존 가치관 및 세계관의 급작스러운 붕괴로 심각한 불안심리와 좌절감에 휩싸일 수 있다. 그들은 반세기 이상 타율적인 사회주의체제에 익숙하여 자율적으로 자신의 생활을 도모해야 하는 민주주의 사회에 적응하지 못하여 심각한 집단적, 사회적 병리현상이 발생할 가능성도 배제할 수 없다. 또한 심한 패배의식에서 무력감과 허탈감에 빠져들면서 퇴행적이고 공격적인 행동을 표출할 가능성도 있다. 또한 남한사회에서의 생활수준 향상에 대한 기대가 좌절될 경우 부의 불균형에서 오는 그들의 박탈감이 상대적으로 심화될 것이다. 이러한 문제들이 더 이상 극복하기 어렵다고 판단되면, 그들은 자살, 정신장애, 폭력, 그리고 범죄로 발전할 가능성이 있다. 개인이 살고 있는 사회와의 관계에서 갑작스런 변화를 겪고 정상적인 삶이 불가능하여졌을 때 여러 형태의 정신장애가 유발되고 공격성이 나타나게 된다. 이것은 꼭 탈북자들만의 문제가 아니라 새로운 사회에 편입되어 들어가 제대로 적응하는데 실패하는 사람들에게는 어디서나 나타나는 문제이다(전우택, 1997). 따라서 탈북자들에게서 주로 나타날 수 있는 심리적 갈등과 적응 장애를 살펴보고 그들을 집중적으로 지원하는 것은 매우 중요하다. 특히 탈북자들이 남한사회 적응과정에서 나타날 수 있는 심리적 부적응을 확인하기 위해서는 부적응 정도를 판단할 수 있는 소외감을 중심으로 고정관념, 가치관, 라이프스타일, 그리고 스트레스 대처양식이나 사회적 지지 등 정신건강상태 등이 미치는 영향에 대해 살펴볼 필요가 있다.

3. 탈북자들의 소외감

Fromm, Durkheim 등은 사회문화적 관점에서 소외를 '자기를 낯선 사람처럼 경험하는 경험양식'또는 '자아가 두 부분으로 분열된 후 어느 한 쪽이 다른 한 쪽을 지배하고 통합이 되지 못한 상태' 등으로 정의하고 있다(한성열과 이흥표, 1995). 이러한 소외현상은 시장 메커니즘이 지배하는 자본주의 사회에서 많이 나타나는 시장지향적 성격이라는 비생산적 성격에서 가장 중요하게 나타나는 병리 현상이다(Fromm, 1956). 그리고 소외는 불안, 심리적 경직성, 공격성, 극단적인 신념 등과 정적인 상관관계를 맺고 있으며, 특정 사회상태에 대한 사회성원의 부적응적 반응이다(McClosky & Schaar, 1965). 이러한 소외감은 기존사회에서 이탈하여 새로운 사회에 적응해야 하는 탈북자들에게 특히 많이 나타날 가능성 높다. 따라서 탈북자들 스스로가 지각하는 소외수준에 대한 조사는 남한사회 부적응실태를 파악하는데 매우 중요하다.

이와 같은 소외개념에 근거하여 Seeman(1959)은 소외를 다음과 같은 6개의 요인으로 구성되어 있다고 주장하였다. 첫째 요인인 무기력감(powerlessness)은 자신의 행위의 결과나 외부사건에 대한 통제력이 자신에게 없다고 예상하는 것이다. 소외된 사람들은 자신이 한 행위의 보상이 강력한 타자나 행운, 운명 등 개인이 통제할 수 없는 외부의 동인에 의해 결정된다고 본다. 둘째 요인인 무의미성(meaningless)은 외부환경이나 사상에 대한 이해력이 자신에게 결여되어 있다고 지각하는 것이며, 이는 외부환경이 예측 불가능하다는 느낌이나 태도를 의미한다. 이와 같은 무의미성은 사회가 규범적 목적을 효율적으로 실현하기 위하여 구성원들을 기능적으로 조직화해서 생기는 것으로써, 그 안에서 기능하는 개인들이 자신의 직관적 능력에 의하여 사건 간의 연관관계를 파악하고, 상황에 대처하며, 미래의 진향을 예측할 수 있는 능력을 상실하는 것을 의미한다. 셋째 요인인 무규범성(normlessness)은 한 사회 내의 규범부재에 대한 기대 혹은 예상이다. 무규범성은 사회가 공통 기준을 상실하고 갈등하고 있다는 사회에 대한 태도와, 자신의 목표성취를 위해서는 사회적으로 승인 받지 않는 행동도 필요하다는 자기 자신에 대한 태도를 포함한다. 따라서 무규범성은 개인의 행동을 규제할 수 있는 사회적 규범의 붕괴 또는 혼란상태에서 발생한다. 넷째 요인인 사회적 고립감(social isolation)은 개인이 사회에 대하여 갖는 사회적 수용감에 대한 기대가 낮은 것이다. 사회적 고립감은 자신이 집단으로부터 분리되어 있고 집단의 기준에서 떨어져 있다는 고립감정이나 거부, 거절 등의 태도로 나타난다. 다섯째 요인인 문화적 소외(cultural alienation)는 자신이 한 사회의 대표적 기준에서 유리되어 있고 분리되어 있다는 느낌이나 태도를 의미하고, 사회에서 높은 가치를 두는 문화적 목표와 신념들에 개인이 낮은 보상가치를 두는 것을 말한다. 앞의 네 가지 유형들이 부정적인 정서와 태도를 포함하고 있음에 비하여 문화적 소외는 단지 자신이 같은 사회의 평균적인 다른 사람들과 다르다는 느낌과 태도를 의미할 뿐이지 부정적인 태도를 포함하지 않는다는 점에서 다르다. 여섯째 요인인 자기소외(self-estrangement)는 자기 자신을 행위의 주체나 목적으로 경험하지 못하고 도구, 수단으로 경험하는 것이다. 이 개념은 자기소외의 기원을 알기 힘들 뿐만 아니라, 인간이 소외되지 않은 이상적인 조건이나 자기완성, 자기보상과 같은 추상적인 개념을 규정하기 힘들기 때문에 Seeman은 이를 조작적으로 정의하지는 않았다.

Maddi, Hoover, Kobasa(1979)는 Seeman의 주장을 기본으로 하여 일, 사회제도, 가족, 대인관계, 자기 등의 사회적 장면을 도입하고, 이러한 장면에 따라서 소외의 하위차원이 각기 다르게 나타나리라 보았다. 그들(1982)의 연구결과에 따르면 소외는 성취, 인내력, 바람직한 사회적 반응, 내적 동기에 의한 행동 등의 긍정적 특성들과 부적 관계에 있으며, 성장과 발달의 방해요인인 것으로 나타났다. 따라서 Segal(1990)은 소외를 사회구조와 연관시키지 않고 독립적인 심리적 현상으로 개념화하고 있다. 그에 따르면 소외란 근본적으로 '자기(self)의 어떤 측면을 낯설게 느끼는 것, 그리고 자신의 한 측면을 나의 것이되 나의 것이 아닌 것으로 경험하는 것'이다. 이러한 입장에서 그는 통합성(unity) 또는 전체성(wholeness)의 결여를 소외상태의 중요한 차원으로 보고 있다. 그러므로 Segal의 정의에 따르면 '자기와 자기 요소들 간의 통합의 부재'가 바로 소외상태이다. 이 통합성의 부재는 행동의 요소들 간에, 자기들 요소들 간에, 그리고 자기와 행동의 요소들 사이에서 발생하는데 이 세 영역들에서 완전한 통합이 이루어질 때에야 비로소 자기와 행동 간의 통합이 이루어지고 개인이 행위 주체성(agency)을 부여받게 되는 것이라고 보았다. 이와 달리 이러한 영역들 간의 통합이 이루어지지 않은 상태는 모두 소외상태로 볼 수 있다. 이러한 Segal의 자기와 행동, 감정, 가치 등의 심리적 요소와 이들 간의 관계분석을 통한 소외개념의 규정 등에서도 소외가 심리적인 현상임이 두드러지고 있다. 소외감은 타 문화 적응과정에 있는 사람들의 적응실태를 판단하는데 매우 중요한 역할을 한다. 그러나 아쉽게도 탈북자들의 남한사회 적응실태를 소외감을 중심으로 측정한 연구는 없는 실정이다. 따라서 탈북자들을 대상으로 심리적 상태를 파악하기위해서는 그들의 소외감 수준을 조사하는 것이 매우 중요하다. 탈북자들에 대한 소외감에 대한 측정은 하위유형인 무력감, 극단적 모험성, 허무주의, 의욕상실을 중심으로 살펴볼 수 있다. 이를 통해 그들의 심리적 취약점과 아울러 적응실태를 이해할 수 있으며 적응의 문제점과 적응을 효과적으로 도울 수 있는 방안을 탐색할 수 있을 것이다.

4. 탈북자들의 삶의 질

탈북자들의 남한사회 적응여부는 그들이 새로운 사회에서 자신 스스로 어느 정도 삶의 행복감을 느끼는지 그 수준에 따라 적응도를 가름할 수 있다. 따라서 탈북자들의 삶의 질이나 만족도 등을 통해 남한사회 적응실태를 살펴볼 필요가 있다. 행복 또는 안녕은 예로부터 많은 철학자들의 관심대상이었으나 1960년대에 이르러 경제발전을 이룩한 국가에서 삶의 질이란 제목으로 연구되어 왔다. '삶의 질'(Quality of Life: QL)이란 용어자체는 경제선진국 회의인 OECD의 회원국들이 보다 나은 삶의 조건을 모색하기 위해 사회과학자들에게 경제발전에 부수적으로 갖추어야 할 정치, 사회 및 복지제도를 연구하도록 한 것에서부터 비롯되었다(이훈구, 1997). '삶의 질'에 대한 연구를 수행하여 온 사회과학분야의 학자들은 공통적으로 인간의 안녕(well-being)을 증진시키려는데 관심을 두고 있다. 사회심리학자들은 사회적 관계, 집단행동 등을 연구하고, 사회학자들은 사회적 정당성, 사회운동, 사회계층 등을, 의사들은 인간 유기체의 정상적이고 병리적인 구조와 기능을 연구함으로써 인간의 복지를 증대하고자 한다. 삶의 질에 대한 연구는 이러한 사회과학의 자료들에서 얻어지지만 또한 좀 더 객관적으로 삶의 질을 평가하고자 하는 노력은 사회지표연구(social indicators research)에서 이루어지고 있다. 가장 대표적인 예는 OECD의 사회지표 개발 프로그램으로 국가 간의 삶의 질을 객관적으로 비교하기 위한 준거를 개발하고 있다. 이러한 작업은 1970년대 초부터 시작되었으며 1982년에 공식적인 OECD 사회지표 목록이 보고된 바 있다. 그 사회지표는 주관적 지표를 포함하여 8개의 영역으로 나누어져 있다(건강, 교육과 학습, 고용과 근로생활의 질, 시간과 여가, 재화와 서비스의 지배력, 물적 환경, 사회적 환경, 개인의 안전). 삶의 질에 대한 초기연구들에서는 인구 통계적, 경제 사회적 변수들이 주요 연구대상이었으나 점차로 객관적인 측면은 물론 주관적인 측면으로까지 확장되었다. 즉 객관적으로 동일한 사회적 조건에 대해서도 각 개인에 따라 주관적 만족도가 달라진다는 점에서 삶의 질의 주관적 측면이 중요시되었다(Cambell, 1976; Near, Smith, Rice & Hunt, 1983). 사회학자들의 경우 객관적인 요소를 연구의 대상으로 하므로 건강, 경제번영 및 안정, 개인의 사회적 지위, 여가, 교육 및 개발, 개인적 자유와 기회보장, 정치적 자유, 평등, 권리 및 정의, 사생활 및 비밀보장, 미적 환경의 조성, 환경보호 등을 주요변수로 사용하였다(윤창영과 이순묵, 2002).

그러나 Szalai(1980)는 삶의 질을 '다양한 생활측면에서 느끼는 안녕감 또는 행복감'으로 정의하고 그 연구를 위한 사회지표에는 전통적인 객관적인 지표 외에 개인의 주관적 평가를 포함해야 한다고 주장하였다. 그는 '삶의 질'은 개인의 여러 가지 생활측면에서 느끼는 만족감 또는 행복감을 나타내는데 건강상태, 자기 직업에서의 만족과 불만족, 경제상의 문제, 결혼생활의 성공과 실패, 자녀 및 친척 간의 화목한 관계 또는 갈등관계, 또는 이웃 간의 관계, 사업상의 문제, 일반적 및 정치적 상황 등을 포괄한다. 즉 삶의 질이란 여러 가지 객관적으로 관찰 가능한 어떤 사회나 개인의 물리적, 환경적, 경제적, 정치적 사회지표 외에 개인이 느끼는 행복감

혹은 만족감을 포함해야 한다고 주장함으로써 삶의 질 측정의 객관적 요인뿐만 아니라 주관적 요인의 중요성을 제시하였다. Andrew 와 McKennell(1980)은 미국과 영국에서 실시된 23개의 주관적 삶의 질 연구자료 중 전반적인(life-as-a-whole) 주관적 삶의 질을 측정한 도구를 비교분석하였다. 그들은 각각의 연구들에서 사용한 측정문항들이 감정과 인지 그리고 다른 요소들(예를 들면 측정오차 등)을 얼마나 반영하고 있는가를 분석하였다. 그 결과 조사된 측정치들의 전체 변량은 대부분 5가지의 요소들(긍정적 감정, 부정적 감정, 인지, 공통변량, 고유변량)로 구성되어 있었고 각 요소들의 비율은 측정치마다 다양하였다. 전반적인 주관적 삶의 질을 '행복(happy)', '흥미(fun)', '즐거움(enjoyableness)' 등의 용어를 사용하여 측정하는 경우에는 대체로 감정적 요소의 비율이 인지적 요소보다 높았으며, '만족도(satisfaction)'라는 용어가 포함된 측정치들은 인지적 요소의 비율이 감정적 요소의 비율보다 높았다. 또한 그들은 전반적인 주관적 삶은 인지적 요소와 감정적 요소 각각으로 측정하였을 때보다 두 요소의 비율을 적절하게 혼합함으로써 더 잘 측정된다고 하였다.

　감정적 요소로 주관적 삶을 연구한 자료들에 의하면 감정적 요소는 긍정적 측면과 부정적 측면으로 구분하고 있다(Andrew & Withey, 1974; Diener & Emmons, 1984; Headey, Holmstrom & Wearing, 1984; 1985). 주관적 삶의 질에 영향을 주는 객관적 요인들에 대한 연구들에 의하면 성, 수입, 교육, 연령 등에 따라 주관적 삶의 질에 차이가 나타나고 있다. Inglehart 등(1990)은 국가 간의 부와 주관적 삶의 질과는 매우 높은 정적 상관이 있다고 밝히고 있다. 그러나 필수적인 것이 충족되면 부의 증가는 '주관적 삶의 질'에 많은 영향을 주지 못한다. Diener와 Diener(1995)에 의하면, 후진국에서는 의식주가 안녕감(well-being)에 기본적인 요소가 되지만, 미국의 최고 부유층을 대상으로 조사한 결과 다른 보통 미국인들보다 단

지 약간 더 행복하다고 응답하였고 그중 37%는 덜 행복하다고 응답
하였다. 교육의 문제는 수입과 연관되어 있으나 그 관계는 매우 밀접
하지 않지만, 일반적으로 교육수준이 높을수록 더 많은 임금을 받으
며 수입이 많은 사람들과 마찬가지로 교육수준이 높은 사람은 자신의
삶에 더 만족하는 경향이 있다(Cambell, 1981). 주관적 삶의 질은
연령과도 관계가 있다. Cambell 등(1976)은 주관적 삶의 질의 인
지적 요소인 만족도는 연령과 함께 증가하지만 감정적 요소는 오히려
감소한다고 밝혔다. Diener, Sandvik, 그리고 Pavot(1991)는 만
족도는 연령과 함께 증가하지만 긍정적이고 부정적이고 감정적인 젊
은 사람이 좀 더 강하게 느낀다고 주장한다. 즉, 연령이 증가할수록
인지적 요소인 만족도는 증가하지만 감정적 요소는 감소하게 된다.
남성과 여성의 경우 생리적, 성격적, 그리고 상황적 요소가 다르기 때
문에 주관적 삶의 질의 평가가 달라질 수 있다. Wood 등(1989)은
긍정적 감정만으로 주관적 삶의 질을 측정하였다. 그 결과 여성이 남
성보다 더 행복하고 삶에 만족하였다. 또 다른 연구에서는 여성은 남
성보다 더 부적인 감정을 나타내고 더 우울하다고 보고하였다(Gove,
1972; Nolen-Hoeksema, 1987).

　탈북자들의 삶의 질에 대한 연구는 남한사회 적응실태를 판가름
할 수 있는 매우 중요한 기준이 될 수 있다. 그러나 아쉽게도 탈북
자들의 삶의 질을 연구한 자료는 현재까지 보고된 바 없다. 탈북자
들에 대한 삶의 질은 전반적인 삶에 대한 만족도와 아울러 인지
적·감정적 요소를 중심으로 주관적으로 느끼는 삶의 행복감에 대
해, 그리고 그들의 연령별·성별차이를 포함함으로써 탈북자들의
특성별 삶의 질 수준을 살펴볼 필요가 있다. 특히 탈북자들의 소외
감 수준에 따른 삶의 질과의 관계를 살펴봄으로써 심리적 부적응에
미치는 요인을 탐색 할 수 있을 것이다.

III. 연구목적

  본 연구는 탈북자들의 남한사회에서의 심리적 부적응 문제를 살펴보고자 하였다. 이를 위해 탈북자들의 심리적 특성을 알아보고 남한사람들과의 비교를 통해 그 차이점을 살펴보았다. 이를 통해 탈북자들의 심리적 부적응에 영향을 미치는 요인을 탐색하고 그 해결방안을 살펴보았다. 더 나아가 증가추세에 있는 탈북자들의 남한 사회 적응을 지원하고 장차 통일 이후 남북한 심리적 통합문제에 대한 해법을 예시하고자 하였다.

연구문제 1. 탈북자들의 심리적 특성

  탈북자들의 의식구조, 가치관, 라이프스타일 등에 대해 조사하고 남북한 간의 비교를 통해 그 차이를 살펴보았다. 이를 위해 나은영과 차재호(1999)의 가치관 척도와 황상민과 양진영(2002)의 세대가치와 라이프스타일 척도를 사용하였다. 가치관측정은 '개인주의−집단주의', '탈권위주의(권력거리)', '자기주장성(남성성−여성성)', '불확실성 회피', '미래지향성 차원', '남녀평등 의식' 및 '풍요로운 생활' 등 7개의 하위요소를 중심으로 측정하였다. 라이프스타일측정은 '전통적 가족주의', '전통적 집단주의', '개인주의', '문화적 개방성', '물질주의', '사회의식', '능력과 역할주의', '전통위계의식'을 포함하여 8개의 하위요소를 측정하였다. 탈북자들의 의식구조 특성을 알아보기 위해 고정관념과 귀인양식을 측정하였다. 고정관념은 39개의 특질형용사를 이용하여 각각에 대해 탈북자들의 몇 %가 그 특성을 지닌다고 보는지 추정하게 하는 방식으로 고정관념의 내용을 측정하였다. 탈북자들의 귀인양식을 알아보기 위해 이영호(1993)가 사용한 귀인양식을 이용하였다. 귀인양식은 탈북자들의 행동의 원인에 대한 추론과 이해를 하는 원인추리과정을 살펴봄으로써 지난 일에 대한 귀인과 미래의 결과를 어떻게 결정해나가는지 예측할 수 있다. 특히 앞의 네 가지 분야에 대한 측정은 남한사람들과 탈북자들을 동시에 측정하여 비교함으로써 그 차이는 무엇인지 살펴보았다.

연구문제 2. 탈북자들의 심리적 부적응에 미치는 요인

탈북자들의 부적응에 영향을 미치는 요인은 무엇인지 알아보았다. 이를 위해 먼저 소외감을 측정하였으며, 그 결과를 중심으로 앞에서 살펴본 가치관, 라이프스타일, 귀인양식 등 심리적 특성과의 관계를 살펴보았다. 소외감은 네 가지 하위 소외유형(즉, 무력감, 극단적 모험성, 허무주의, 의욕상실)에 대해 측정하였다. 이러한 요인들은 남북한의 이질화 현상에 의해 차이가 발생할 수 있으며 탈북자들이 남한사람과의 접촉과정을 통해 적응에 영향을 미칠 수 있다고 예측되는 요인들이다.

연구문제 3. 탈북자들의 소외감과 삶의 질과의 관계

소외감 수준에 따른 탈북자들의 삶의 질을 살펴보았다. 삶의 질 측정은 이명신(1998)의 주관적 삶의 질 척도를 사용했으며, 최근의 삶의 느낌에 대한 8문항의 형용사 짝과 전반적인 삶의 만족도를 % 개념으로 측정하였다. 이를 통해 탈북자들의 남한사회 적응과정에서 느끼는 감정과 전반적인 삶의 만족수준을 알아보았다. 또한 남북한의 이질화로 인해 가치체계의 차이나 의식구조 등이 탈북자들의 남한사회 적응과정에 어떠한 영향을 미치는지, 또한 소외감의 수준과 어떠한 관계가 있는지 살펴보았다.

Ⅳ. 연구방법 및 절차

1. 연구대상

서울시 및 수도권에 거주하는 남한사람과 북한이탈주민을 대상으로 설문을 실시하였다. 설문지는 남한사람 총 150부, 북한이탈주민 110부로 총 260부가 회수되었다. 이 중 불성실하게 응답한 경우를 제외한 북한이탈주민 99부(남자 40명, 여자 59명), 남한사람 143부(남자 56부, 여자 87부)가 분석에 포함되어 총 242부의 자료가 통계 처리되었다.

2. 조사도구

설문지는 인적사항 질문지를 포함하여 총 10개 유형으로 구성되어 있으며 각 유형은 1개에서 5가지의 하위유형으로 이뤄졌다.

설문조사 전 북한이탈주민 5명에게 설문내용을 설명해주고 그들 스스로 설문내용을 자세히 검토하도록 요구하였다. 검토과정을 통해 설문내용 중 이해가 되지 않은 문항이나 적절치 않은 문항이 있는지에 대해 자문을 구했으며, 부적절한 내용은 질문내용을 이해하기 쉽게 수정하거나 불필요하다고 판단되는 내용은 전체 설문내용에 영향을 끼치지 않은 범위에서 삭제하였다.

(1) 인적사항 설문지

설문지는 출생년도, 성별, 결혼여부, 학력, 직업, 종교를 묻는 문항으로 구성되었으며, 북한이탈주민을 대상으로 할 때는 남한사회 정착기간, 성장기를 보낸 지역, 북한에서의 직위 또는 직책을 묻는 질문을 추가하였다(부록 1).

(2) 가치관 척도

이 척도는 나은영과 차재호(1999)의 '1970년대와 1990년대 간 한국인의 가치관 변화와 세대차 증감' 연구에서 사용했던 것으로 이 연구에서는 남한사람과 탈북자를 대상으로 측정하여 비교하였다. 이 척도는 '개인주의-집단주의', '탈권위주의(권력거리)', '자기 주장성(남성성-여성성)', '불확실성 회피', '미래지향성 차원', '남녀 평등 의식' 및 '풍요로운 생활' 등 7개의 하위요소로 구성되어 있으며 각 요소는 각각 3개씩 문항으로 구성되어 있다. 전체 21문항은 두개의 선택지 가운데 자신의 의견에 가까운 것을 하나 고르게 되어 있다. 본 연구에서의 내적 일치도는 .69로 나타났다.

(3) 라이프스타일

황상민 등(2002)은 한국인의 라이프스타일에 대한 일련의 연구(황상민, 1999; 황상민과 양진영, 2001; 황상민과 양진영, 2002)를 통해 한국인들이 스스로에 대해서 생각하는 가치요인을 추출하고 이를 통해 한국인의 라이프스타일을 탐색하였다. 이 연구는 Reynold와 Darden

의 라이프스타일 분석틀을 기반으로 하되, 이들이 사용한 Kelly의 개인
별 구인이론의 방법론인 Q-sort 방식을 사용해 한국인들에게 공유되는
라이프스타일 가치와 행동방식 요인을 추출하는 방식을 사용했다. 특히
이들은 기존 연구(구자숙·한준·김명언, 1999; 김명언·김의철·박영
신, 2000; 나은영·차재호, 1999; 황상민, 1999; 황상민·양진영,
2001)에서 세대모형과 세대특성, 그리고 세대 차이를 나타내는 문항을
중심으로 작성된 89개 문항을 요인분석을 통해 57개 문항 8개 요인(전
통적 가족주의, 전통적 집단주의, 개인주의, 문화적 개방성, 물질주의,
사회의식, 능력과 역할주의, 전통위계의식)으로 축소하여 정리하였다.
여기서는 황상민 등(2002)이 사용했던 57개 문항 8개 요인을 이용하여
탈북자를 대상으로 측정하였다. 측정을 통해 북한의 세대가치와 라이프
스타일을 측정하고 남한사람들의 그것과 비교하였다. 이 연구에서의 내
적 일치도는 .76이었다.

(4) 귀인양식 질문지

귀인양식 질문지는 Peterson, Semmel, Von Baeyer, Aramson,
Metalsky, 및 Seligman(1982)의 연구에서 사용된 척도를 이영호
(1993)가 번안하여 사용한 것이다. 이영호(1993)는 Peterson 등
(1982)이 제작한 ASQ의 체제를 따르면서 우리나라 실정에 맞는 가상
적인 시나리오를 만들었다. 또한 대학생은 물론이고 일반인에게도 사용
할 수 있는 새로운 시나리오 12가지를 더 채택하였다. 가상적인 사건들
은 긍정적 및 부정적 사건을 각각 6가지씩 그리고 성취관련 사건 및 대인
관계 관련 사건을 각각 6가지씩 구성하였다. 총 12문항으로 각 사건이
피험자 자신에게 일어났다고 상상하도록 한 후 그 사건의 원인으로 생각
되는 것을 쓰게 한다. 그리고 이에 대해 원인의 내부차원과 안정성 차원
그리고 총체성 차원의 측면에서 7점 척도로 응답하도록 되어있다.

본 연구에서는 이영호(1993)가 번안 및 수정하여 사용한 척도를 사용하였으며, 그 과정에서 이영호·원호택(1990)의 연구를 참고하였다. 긍정적 사건에 대한 내부, 안정성, 총체성 귀인의 내적 일치도는 각각 .59와 .60 그리고 .58이었다. 또한 부정적 사건에 대한 내부, 안정성, 총체성 귀인의 내적 일치도는 각각 .53과, .59 그리고 .54였다.

(5) 특질 형용사를 사용한 고정관념의 측정

개인적인 고정관념을 측정하기 위해 기존의 지역감정 연구들에서 사용된 특질형용사 39개를 조사대상자들에게 제시해주고 탈북자들에 대해 어떻게 생각하는지를 추정하게 하였다. 39개의 특질형용사는 기존의 특정지역민에 대한 고정관념 연구나 개인의 특성을 묘사하기 위해 자주 사용되는 것으로서 긍정적인 것 20개와 부정적인 것 19개로 구성되어 있다. 조사대상자들이 탈북자들의 특성에 대해 어떻게 지각하고 있는 지를 살펴보기 위해 39개의 형용사 각각에 대해 탈북자들의 몇 %가 그 특성을 지닌다고 보는지를 추정하게 하였다. 응답자들은 그들이 추정한 것을 0에서 100%까지 자유롭게 기술하게 하였다.

(6) 소외감 척도

이 척도는 Maddi, Kobasa와 Hoover(1979)가 사용했던 소외감 검사를 이명신(1998)이 번안하여, 예비조사를 통해 총 60문항 중 30문항을 선정하였다. 본 연구에서는 이명신(1998)의 연구에서 사용했던 척도를 재인용하여 북한이탈주민의 남한사회 적응과정에서 발생할 수 있는 소외감 정도를 측정하였다. 이 척도는 네 가지 하위 소외유형으로 구성되어 있다. 소외유형은 무력감(사회적 혹은 개인적인 일에 대한 영향력을 포기해 버림), 극단적 모험성(극단적이고 위험한 일을 하지 않으면 생동감을 느끼지 못함), 허무주의(의미 있는 것을 믿으려 하지 않음), 의욕상실(사람들이 하고 있는 일의 가치, 중요성 또는 진리를 믿지 않음)이었다. 각 소외유형에는 15개 문항이, 소외영역에는 각각 12개의 문항이 포함되어 있다.

이 척도의 응답 및 채점방법은 전혀 그렇지 않다(0)에서 확실히 그렇다(100)의 척도상에 표시하며, 합계점수가 높을수록 소외감이 큰 것으로 본다. 본 연구에서의 내적 일치도는 .79로 나타났다.

(7) 욕구충족도 - 행복한 삶의 조건

Maslow의 욕구 이론에 바탕으로 5단계의 욕구충족 정도와 각 욕구의 중요성을 측정한 것으로, 각 단계별 2문항씩 측정하도록 제작되었다. 측정문항 단계는 생리적욕구, 안전욕구, 애정욕구, 존경욕구, 자아실현욕구 순이며 각 문항에 대해 응답자는 중요성의 정도와 충족의 정도를 5점 척도로 측정하도록 되어있다. 여기서는 이명신(1998)이 제작한 것을 사용하였다. 본 연구의 내적 일치도는 $\alpha = .62$로 나타났다.

(8) 주관적 삶의 질 척도

이 척도는 개인적 삶의 질을 측정하기 위한 것으로써 Cambell(1981)의 연구를 이명신(1998)이 번안하여 사용하였으며, 본 연구에서도 동일하게 참고하였다. 이명신(1998)의 연구에서의 내적 일치도는 .90이었다.

이 척도는 최근의 경험에 대한 감정(삶의 느낌)을 재는 8문항과 전반적인 삶의 만족도를 재는 단일문항의 두 가지로 구성되어 있다. 삶에 대한 느낌은 총 8문항으로 두 개의 형용사를 짝지어 제시하였다. 삶에 대한 느낌의 응답은 7점 척도로 이루어진 짝진 형용사의 어느 한 곳에 표시하며, 8문항의 점수를 모두 합하여 평균을 낸다. 이때 점수가 높을수록 삶에 대한 느낌이 긍정적임을 의미한다. 삶에 대한 만족도는 본래 7점 척도였으나 응답자가 좀 더 쉽게 응답할 수 있도록 % 개념을 사용했기 때문에 다른 척도와 맞추어 11점 척도로 측정했다. Cambell(1981)은 두 요소를 합하여 전반적인 주관적 삶의 질을 측정하며, 이때 삶의 만족도에 1.1의 가중치를 두어 합산했다.

본 연구에서는 이명신(1998)이 번안하여 사용했던 '주관적 삶의 질' 척도를 참고하였으며, 북한이탈주민들이 남한사회에의 적응과정에서 겪은 삶에 대한 느낌과 전반적인 삶의 만족도를 측정하였다. 본 연구에서의 내적 일치도는 .86으로 나타났다.

(9) 사회적응 척도

북한이탈주민의 적응실태를 확인하기 위해 Weissman과 Paykel (1974)이 개발한 사회적응 척도를 사용하였다. Weissman 등(1974)이 개발한 사회적응 척도는 20개 문항으로 구성되어 있으며, 가사 및 직장생활, 부부 관계, 부모-자녀 관계, 시댁 및 친정부모와의 관계 정도 등을 측정하는 5개의 하위유형으로 구성되어 있다. 이 척도는 사회적응 정도를 평가하도록 만든 구조화된 면담용 도구로써 학업수행, 여가활동, 대인관계 등의 영역에서의 적응을 측정하고 있으며 전반적으로 사회적인 적응을 평가한다.

본 연구에서는 Weissman 등(1974)의 사회적응 척도를 번역하여 사용하였으며, 그 과정에서 김영미(1998)의 연구를 참고하였다. 그러나 북한이탈주민 사회적응 측정에 부적합하다고 판단된 '시댁 및 친정부모와의 관계' 유형은 본 설문지에서 삭제하였다. 반면 북한이탈주민의 현재 경제적인 상태를 알아보기 위해 현 수입액수, 적정수입액수, 현 수입 만족여부 및 불만족 이유 등이 포함된 '경제적 상태' 유형의 4개 문항을 추가하였다. 결과적으로 사회적응 척도(Weissman 등, 1974)에서는 20문항 중 14문항을 사용하였으며 '경제적 상태' 유형의 4문항을 추가하여 총 18문항이 북한이탈주민의 사회적응 실태를 파악하는 설문지로 사용되었다.

본 연구에서 북한이탈주민의 남한사회 적응을 묻는 설문지의 내적 일치도(Cronbach alpha)는 .87이었으며, 경제적 상태 유형은 .86, 가사 및 직장생활 유형은 .89, 부부관계 유형은 .84, 부모－자녀관계 유형은 .79, 친구관계 유형은 .82이었다.

3. 조사절차

남한주민에 대한 설문은 2003년 7월부터 9월까지 서울시 및 수도권에 거주하는 일반인을 대상으로 실시하였다. 설문은 회사, 학교, 교회를 중심으로 한번에 한 부에서 5부 내외로 배포하여 수거하였다. 설문지 배포 시 응답자의 성별, 직업, 경제력과 학력이 골고루 안배될 수 있도록 설문 응답자의 지역적 위치를 고려하여 실시하였다. 설문조사는 연구자가 응답자를 직접 만나서 부탁하기도 했으며, 때로는 제3자를 거쳐서 응답자에게 전해지지도 하였다. 남한사람들의 경우 설문은 평균 30분 정도 소요되었으며 설문에는 커다란 문제가 없었다.

북한이탈주민에 대한 설문은 2003년 7월부터 9월까지 실시하였으며 크게 두 가지 방법으로 이뤄졌다. 첫째는 몇몇 북한이탈주민들의 도움으로 북한이탈주민들이 집단적으로 거주하는 지역을 중심으로 직접 방문하여 실시하였다. 이 경우 설문응답 시간이 평균 50분 정도 소요되었다. 두 번째는 개인적 친분이 있는 북한이탈주민을 섭외하여 이 사람을 통해 다른 북한이탈주민에게 설문을 하는 형태로 이뤄졌다. 연구자는 사전에 연구목적과 설문실시 방법 및 주의 사항을 충분히 이해시킨 후 설문지를 전달했다. 이 경우 전반적으로 설문의 내용에 대한 이해가 떨어졌고 설문내용에 대한 질문이 많았으며, 설문작성 시간도 평균 1시간 20분 정도 소요되었다.

V. 결 과

1. 조사대상자들의 인구통계학적 특성

설문에 참가한 조사대상자의 특성은 표 2와 같다. 최종분석에 포함된 사람은 총242명으로 남한주민 143명(남자 56명, 여자 87명), 탈북 주민 99명(남자 40명, 여자 59명)이었다.

각 집단별 성별 분포를 살펴보면, 남한주민(남자 39.2%, 여자 60.8%)과 탈북주민(남자 40.4%, 여자 59.6%)의 경우, 남자보다 여자의 비율이 비교적 높았다. 남한주민과 탈북주민의 평균연령은 각각 31.5세, 33.0세로 탈북주민이 높았다. 결혼비율은 탈북주민(67.7%)이 남한주민(12.6%)보다 상대적으로 높았다. 학력은 탈북주민의 경우 고등중학교 졸업이 33.3%로 남한주민의 고등학교까지 학력을 지닌 비율(66.1%)보다 낮게 나타나 남한주민보다 학력수준이 떨어졌다. 종교의 경우, 기독교를 가진 비율이 가장 높아 탈북주민은 42.7%, 남한주민은 27.7%를 차지했다.

직업은 남한주민의 경우 학생의 비율이 34.2%로 가장 높았다. 탈북주민의 경우 북한에서의 직책이나 직위에 대해 조사하였는바 노동자(32.0%)와 농민(22.7%)의 비율이 가장 높게 나타났다. 탈북주민의 남한사회 정착기간은 2003년 9월을 기준으로 1년 미만이 21.1%(21명), 2년 미만이 37.4%(37명)로 58.5%를 차지하였으며 평균 거주기간은 2년 8개월이었다.

표 2. 조사대상자의 인구통계학적 특징

구 분	남한주민		탈북 주민	
연 령	남자	32.3(SD 10.32)	남자	34.6(SD 13.2)
	여자	30.8(SD 9.34)	여자	31.4(SD 9.8)
성 별	남자	56(39.2%)	남자	40(40.4%)
	여자	87(60.8%)	여자	59(59.6%)
결혼여부	기혼	18(12.6%)	기혼	63(67.7%)
	미혼	123(86.0%)	미혼	30(32.3%)
학 력	초등학교	0	인민학교	5(5.2%)
	중학교	0	고등중학교	32(33.3%)
	고등학교	84(66.1%)	전문학교	28(29.2%)
	대학교	43(33.9%)	대학교	27(28.2%)
	대학원	0	기타	4(4.1%)
종 교	기독교	39(27.7%)	기독교	41(42.7%)
	천주교	19(13.5%)	천주교	9(9.3%)
	불교	15(10.6%)	불교	6(6.3%)
	기타	21(14.9%)	기타	22(22.9%)
	없음	47(33.3%)	없음	18(18.8%)
직 업 (탈북자: 북한에서 의 직위)	학생	49(34.2%)	당원	15(15.5%)
	직장인	27(18.9%)	군인	6(6.2%)
	무직	15(10.5%)	교사	14(14.3%)
	가정주부	22(15.4%)	노동자	31(32.0%)
	상인	16(11.2%)	농민	22(22.7%)
	기타	14(9.8%)	기타	9(9.3%)
남한사회 정착기간			1년 미만	21(21.1%)
			1년-2년 미만	37(37.4%)
			2년-3년 미만	26(26.3%)
			3년 이상	15(15.2%)

2. 탈북자들의 심리적 특성

본 연구에서는 가치관, 라이프스타일, 귀인양식, 고정관념 등을 중심으로 측정하였으며 남한사람들과 탈북자들 간의 비교를 통해 차이를 알아보았다

(1) 탈북자들의 가치관

사회구성원들은 그들이 살고 있는 시대가 제공하는 독특한 삶의 경험들에 의해 인생이 형성된다. 또한 삶을 매우 다양하게 만드는 주요한 사회 문화적 변화들은 사회구성원들의 삶의 과정에 강한 영향을 미친다. 남한주민과 탈북자들 간의 가치관을 비교분석하기 위해 두 집단의 응답자들을 대상으로 가치관 조사를 실시하였다. 본 연구에서 사용된 가치관 척도는 나은영 등(1999)이 개발한 가치관 척도로서 이는 7개의 차원((1) 개인주의-집단주의, (2) 탈권위주의, (3) 자기주장성, (4) 불확실성 회피, (5) 미래지향성, (6) 남녀평등의식, (7) 풍요로운 생활 등)을 나타낸다고 여겨지는 각 차원별 문항 3개씩 전체 21개 문항으로 구성되어 있다. 응답자들에게는 두 개의 선택지 가운데 자신의 의견에 가까운 것을 하나 고르도록 되어 있었다.

그림 1의 결과를 보면 충효사상의 경우 요즘 같은 세상에 충효사상이 중요하지 않다고 생각하는 사람의 비율이 중요하다고 생각하는 사람의 비율과 비슷하게 나왔다. 남한주민과 탈북자들 간에 차이도 없었다($x^2=3.822$, ns). 두 번째 항목은 사람이 가장 떠받들어야 할 것으로 나라를 택할 것인지 자신과 가족을 택할 것인지를

묻는 내용이었는데 이 항목에서는 남한주민과 탈북자들 간에 급격한 차이가 나타났다(x^2=41.81, p〈.001). 즉 남한주민들은 자신이나 가족을 택할 것이라고 응답한 사람이 압도적으로 많았던 반면(90.4) 탈북자들은 두 선택지를 골고루 선택했다(42.4 대 55.6). 세 번째 항목에서는 탈북자들이 남한주민에 비해 출세보다 부모봉양을 더 효도라고 생각하는 경향이 있었다(x^2=17.65, p〈.001). 탈북자들 중 남녀별로 구분하여 가치관의 차이를 비교해 보면 탈북자들 중 남자들이 여자들보다 충효사상이 중요하다고 응답한 비율이 높았으며(x^2=8.79, p〈.01), 남자들은 떠받들어야 할 것으로 자신과 가족을 선택한 비율이 높았으나 여자들은 떠받들어야 할 것으로 나라를 선택한 비율이 더 높았다.

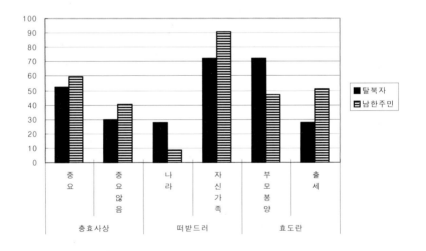

그림 1. 자신과 가족 중심 개인주의 항목에서 두 선택지 중
하나를 택한 비율

그림 2는 탈권위주의에 대한 결과이다. 남한주민과 탈북자 모두 고분고분한 사람보다는 자기 할 일을 잘 해내는 사람을 쓰겠다고

응답한 사람의 비율이 높았다. 사회질서 유지의 경우에는 두 집단의 사람 모두 직능의 구분보다 상하구별을 더 중요시하며 남한주민에게서 그 비율이 더 높았다($x^2=4.91$, p<.08). 윗사람이 틀렸을 때 두 집단 모두 지적해야 한다고 응답한 사람들의 비율이 높았다. 이상의 세 가지 항목들 중 사람을 고용할 때와 관련된 가치관에서는 탈북자들 중 남녀 간에 유의미한 차이가 나타나지 않았고($x^2=1.38$, ns), 사회질서 유지와 관련해서는 남녀간에 유의미한 차이가 나타나지 않았으며($x^2=4.43$, ns), 윗사람이 틀릴 때와 관련한 가치관에서는 탈북자들 중 남녀 간에 유의미한 차이가 나타났다($x^2=10.19$, p<.01). 탈북자들 중 남자들은 윗사람이 틀릴 때 지적하는 경우가 많았으나 여자들은 모른척한다고 응답한 사람이 남자들에 비해 월등히 높았다.

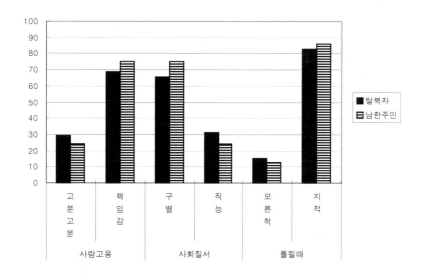

그림 2. 탈권위주의 항목에서 두 선택지 중 하나를 택한 비율

그림 3에서 보면 함께 행복하려면 불만을 참기보다 시정을 요구해야 한다고 응답한 사람의 비율이 남한주민에게서는 압도적으로 높았으나 탈북자들의 경우에는 그보다 다소 낮았다. 그러나 탈북자에게서도 참고 인내하기보다는 시정을 요구해야 한다고 응답한 사람의 비율이 더 높았다. 이 항목에서는 탈북자들과 남한주민들 간에 유의미한 차이가 나타났다($x^2 = 17.97$, p<.001). 실력과시와 겸손 중 어느 것을 선택하겠는가에 대해서는 남한주민과 탈북자들의 비율이 서로 달랐는데 남한주민의 경우 실력과시를 하겠다는 비율이 높았고 탈북자의 경우 겸손을 택하겠다는 비율이 높았다. 그러나 두 집단 간의 차이는 통계적으로 유의미하지 않았다($x^2 = 4.46$, ns). 낙오자 도태경향에서는 남한주민의 경우 낙오자 도태는 슬픈 일이며 낙오자를 구제해야 한다고 보는 경향이 더 높았으나 탈북자의 경우 두 선택지의 비율이 거의 비슷했다. 이 항목에서는 탈북자들과 남한주민들 간에 유의미한 차이가 나타났다($x^2 = 6.11$, p<.05). 탈북자들 중 남녀 성별의 차이를 살펴본 결과 '함께 행복하면'($x^2 = 3.87$, ns)과 '낙오자 도태경향'($x^2 = 3.15$, ns)에서는 남녀 간에 유의미한 차이가 나타나지 않았으나 '실력과 겸손과시' 항목에서는 남녀 간에 유의미한 차이가 나타났다($x^2 = 5.63$, p<.06). 탈북자들 중 남자들은 겸손을 중요시하는 사람이 많았고 여자들은 실력을 들어내는 것이 중요하다고 응답한 사람이 많았다.

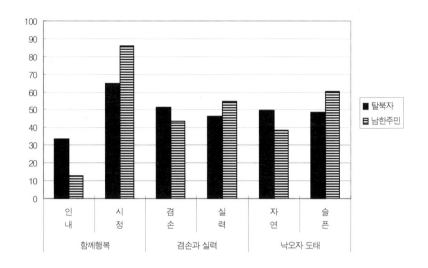

그림 3. 자기주장성 항목에서 두 선택지 중 하나를 택한 비율

그림 4의 인생사는 지혜는 시대 변화를 많이 받는 것인데 남한주민의 경우 서두르기보다는 여유 있는 마음을 가져야 한다고 생각하는 비율이 훨씬 더 높았다. 탈북자의 경우도 여유를 가져야 한다고 생각하는 사람의 비율이 더 높았는데 남한주민들에 비해서는 다소 낮은 편이었다(x^2=5.13, p<.07). 외국인을 대할 때 남한주민의 경우에는 똑같이 친절하거나 덜 친절해야 한다고 응답한 사람의 비율이 더 높았으나 탈북자의 경우에는 외국인에게 더 친절해야 한다는 선택을 한 사람이 더 많았다. 외국인을 대하는 것과 관련해서는 탈북자들과 남한주민들 간에 유의미한 차이가 나타났다(x^2=19.19, p<.001). 탈북자들은 외국인을 친절하게 대해야 한다고 생각하는 사람이 많은 반면 남한주민들은 외국인을 똑같이 대해서나 덜 친절하게 대해야 한다고 응답한 사람의 비율이 높았다. 처음 보는 사람에 대해서 남한주민들은 친절히 대해야 한다고 응답한 사람의 비율이 높았으나 탈북자의 경우에는 남한주민에 비해 처음 보는 사람을

경계해야 한다고 응답한 사람이 다소 있었다($x^2=14.90$, p〈.001〉.
탈북자들 중 남녀 성별의 차이를 살펴보면 '인생사는 지혜'($x^2=$
5.03, p〈.08〉, '외국인 대할 때'($x^2=1.25$, ns), '처음 보는 사람'($x^2=1.77$, ns) 등 세 가지 항목 모두에서 유의미한 차이가 나타나지
않았다.

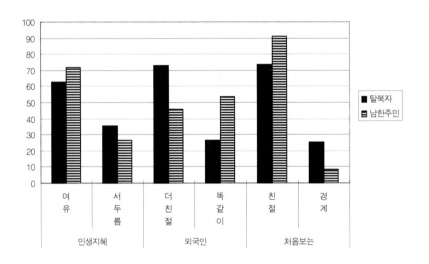

그림 4. 불확실성 회피 항목에서 두 선택지 중 하나를 택한 비율

    그림 5를 보면 남한주민의 경우 대부분의 사람들이 미래지향적이
었던 반면 탈북자들은 미래를 버리겠다고 선택한 사람들도 다수 있
었다. 현재와 미래 중 어느 것을 선택할 것인지에 대해서는 남한주
민과 탈북자들 간에 차이가 나타나지 않았는데 두 집단의 사람들이
모두 현재를 즐기는 것보다 미래를 대비해야 한다는 선택을 한 사
람이 더 많았다. 전통적인 풍습이 오늘날의 문명 위기 극복에 도움
이 된다고 보느냐에 대해 남한주민과 탈북자들 모두 도움이 된다는
선택을 한 사람의 비율이 더 높았다.

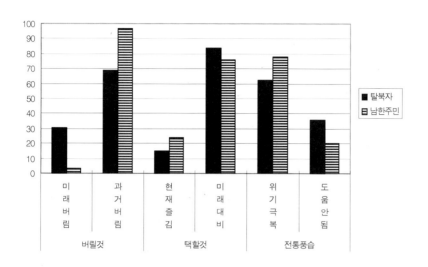

그림 5. 미래 지향성 항목에서 두 선택지 중 하나를 택한 비율

그림 6을 보면 여성이 정조를 꼭 지켜야 하느냐에 대해 남한주민은 지키지 않아도 된다는 것을 선택한 사람의 비율이 더 높은 반면 탈북자들은 정조를 지켜야 한다는 것을 선택한 사람의 비율이 더 높았다($x^2 = 19.41$, p<.001). 결혼한 여자의 경우 활동해야 한다고 생각하느냐 가정 안에 있어야 한다고 생각하느냐에 대해 남한주민과 탈북자들 모두 활동해야 한다는 것을 선택한 사람의 비율이 더 높았으나 탈북자들보다는 남한주민들의 비율이 더 높았다($x^2 = 6.44$, p<.05). 친정을 시댁과 똑같이 생각해야 하느냐에 대해 남한주민의 대부분은 시집과 친정을 똑같이 대해야 한다고 생각하는 반면 탈북자들은 아직도 시집에 더 충성해야 한다는 것을 선택한 사람이 절반이었다($x^2 = 58.28$, p<.001). 탈북자들 중 남녀 간의 차이를 살펴보면 '처녀의 정조' 항목에서는 남녀 간에 유의미한 차이가 나타나지 않았고($x^2 = 2.79$, ns), '결혼한 여자' 항목에서는 남녀 간에 유의미한 차이가 나타났으며($x^2 = 5.62$, p<.06), '시집과 친정' 항목에서는 남녀 간에 유

의미한 차이가 나타났다($x^2=14.63$, p〈.001).

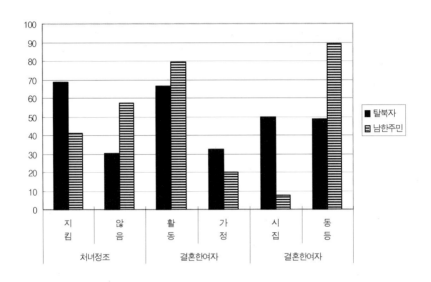

그림 6. 남녀평등 의식 항목에서 두 선택지 중 하나를 택한 비율

그림 7을 보면 남한주민과 탈북자들 모두 돈은 꼭 있어야 하고 없어서는 안 될 것이라고 응답한 사람의 비율이 훨씬 더 많았는데 그 비율을 비교해 보면 남한주민들보다는 탈북자들이 그렇게 생각하는 사람이 더 많았다($x^2=5.67$, p〈.06). 인생을 잘사는 것에 대해서는 남한주민의 경우 인생을 풍부하게 살아야 한다고 생각하는 사람의 비율이 더 높았는데 탈북자의 경우에는 인생을 실수 없이 깨끗이 옳게 살아야 한다고 생각하는 사람의 비율이 더 많았다($x^2=64.04$, p〈.001). 직업의 경우 남한주민과 탈북자들 모두 직업에 귀천이 없다고 생각하는 사람의 비율이 더 높았으며 두 집단 간에는 유의미한 차이가 나타나지 않았다($x^2=1.56$, ns). 탈북자들 중 남녀 성별로 구분하여 살펴보면 '돈이란 것' 항목($x^2=1.51$, ns)과 '인생을 잘 사는 것' 항목($x^2=0.87$, ns)에서는 남녀 간에

유의미한 차이가 나타나지 않았으나 '직업귀천' 항목에서는 남녀 간에 유의미한 차이가 나타났다($x^2 = 7.40$, $p < .05$). 탈북자들 중 남자들은 직업에 귀천이 없다고 응답한 사람이 월등히 많았던 반면, 여자들은 직업에 귀천이 있다고 응답한 사람과 없다고 응답한 사람이 거의 비슷하였다.

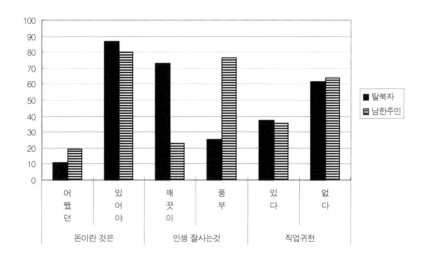

그림 7. 풍요로운 생활 항목에서 두 선택지 중 하나를 택한 비율

그림 8은 탈북자들의 가치관을 전반적으로 파악해 보기 위해 가치관의 각 문항마다 보수적인 선택은 0점을 주고 진보적 선택은 1점으로 코딩하여 각 차원별(3문항)로 점수를 구한 것이다. 따라서 각 차원별로 점수는 0점에서 3점까지 분포하며(탈물질주의는 0점에서부터 6점까지) 점수가 높을수록 더 탈현대적, 진보적이라고 해석될 수 있다. 탈북자들을 성별로 구분한 다음 두 집단 간 가치관의 각 차원별 점수를 비교해 보았다. 그 결과 여자들이 남자들보다 더 개방적인 여성관을 갖고 있었으며($F(1,95) = 3.588$, $p < .06$), 풍요로운 생활

을 중요시하면서($F(1,95)=11.184$, $p<.001$), 탈물질주의적 성향
을 나타냈다($F(1,93)=2.91$, $p<.09$). 이들 세 차원 외에는 남녀
간에 유의미한 차이가 나타나는 차원이 없었다. 남한주민들을 대상
으로 각 차원별 남녀 차이를 살펴본 결과에서는 개인주의($F(1,155)$
$=6.150$, $p<.01$)와 탈권위주의($F(1,155)=8.348$, $p<.01$) 항목에
서 남녀 간에 유의미한 차이가 나타났는데 이는 탈북자들의 성별 차
이 결과와 서로 다른 것이었다.

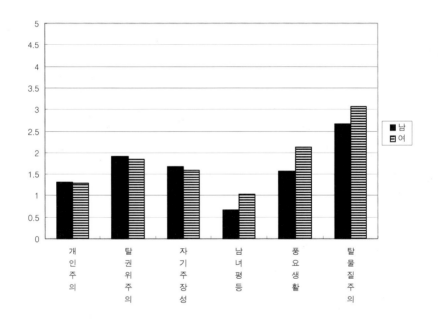

그림 8. 탈북자들을 대상으로 한 가치관의 차원별 합산점수

(2) 탈북자들의 라이프스타일

개인의 심리적 특성과 행동방식 또는 가치나 태도는 개인이 성장
한 사회적 맥락에 따라 영향을 받는다. 북한사회는 남북분단 이후

남한과는 다른 사회 체제 속에서 살아왔다. 따라서 탈북자들이 어떠한 라이프스타일을 갖고 있는지를 살펴보고, 그들의 라이프스타일이 남한주민들과 어떤 차이를 나타내는가를 비교해 보고자 하였다. 라이프스타일은 8개 요인(전통적 가족주의, 전통적 집단주의, 개인주의, 문화적 개방성, 물질주의, 사회의식, 능력과 역할주의, 전통위계의식)으로 구분하여 측정하였는데 각 요인별로 보면 전통적 가족주의 9문항, 전통적 집단주의 7문항, 개인주의 7문항, 문화적 개방성 4문항, 물질주의 10문항, 사회의식 6문항, 능력과 역할주의 7문항, 전통위계의식 6문항 등 전체 56개의 문항으로 라이프스타일을 측정하였다. 응답자들에게는 6점 척도상에서 응답하도록 하였다.

전통적 가족주의 요인은 주로 가족과 결혼에 관한 가치와 관련된 것이다. 이 요인에는 전통적 결혼관과 남아선호사상, 가부장적 태도 등을 측정하는 문항들로 구성되어 있다. 먼저 탈북자들을 대상으로 성별에 따른 차이를 살펴보았다. 그 결과 남녀 간에 전통적 가족주의와 관련한 가치관에 있어서 유의미한 차이가 나타났다($F(1,93)=$ 3.710, $p<.05$). 탈북자들 중 남자들이 여자들보다 더 전통적인 가족적 가치관을 갖고 있는 것으로 나타났다. 이 요인에 대해 남한주민과 탈북자들 간에 차이가 나타나는지를 살펴보았다. 그 결과 남한주민에 비해(26.94) 탈북자들이(37.97) 더 전통적 가족주의를 지향하고 있는 것으로 나타났으며, 이 두 집단 간의 차이는 통계적으로 유의미한 것이었다($F(1,236)=150.37$, $p<.001$). 전통적 집단주의 요인은 가족을 포함한 집단이나 조직과 그 구성원으로서의 태도를 나타낸 것이다. 전통적 집단주의 요인에서 탈북자들의 성별로 차이가 나타나는 지를 살펴보면 전통적 집단주의와 관련해서는 남녀 간에 유의미한 차이가 나타나지 않았다($F(1,94)=0.563$, ns). 남한주민과 탈북자들 간의 비교에서는 남한주민들(23.43)보다 탈북자들(24.54)이 더 전통적 집단주의 점수가 높았고 이는 유의미한 차이였다($F(1,238)=6.734$, $p<.01$). 이는 탈북자들이 남한주민에 비해

집단규율을 더 준수하며 연장자에게 더 복종적이라는 것을 의미한다. 개인주의 요인은 개성이나 자유와 같은 개인주의적 가치를 추구하는 것을 나타내는 것이다. 이 요인에서 높은 점수는 개인이 남의 눈을 의식하지 않고 자신만의 개성을 마음껏 발휘하며 집단의 가치보다 개인의 가치를 더 중요하게 여긴다는 것을 의미한다. 이 요인에서는 탈북자들 간 남녀별로 유의미한 차이가 나타났다($F(1,93) = 7.629$, $p < .01$). 남한주민과 탈북자들 간의 비교에서는 남한주민(21.04)과 탈북자들(21.94) 간에 개인주의 가치관에서 유의미한 차이가 나타나지 않았다($F(1,235) = 2.495$, ns). 문화적 개방성은 외국문화에 대한 수용적이고 개방된 태도, 외국문화에 개방적이고 수용하는 정도를 나타내는 것이다. 탈북자들의 성별에 따른 차이를 살펴본 결과 남녀 간에 문화적 개방성과 관련하여 유의미한 차이가 나타났다($F(1,94) = 13.117$, $p < .001$). 탈북자들 중 남자들이 여자들보다 문화적 개방성향이 더 높은 것으로 나타났다. 이 요인에서는 남한주민들(16.49)이 탈북자들(15.10)보다 문화적 개방성이 더 높은 것으로 나타났으며, 이 두 집단 간의 차이는 통계적으로 유의미한 것이었다($F(1,239) = 10.47$, $p < .001$). 물질주의적 삶이라는 요인은 직업선택이나 금전에 대한 태도, 경제적인 성공과 사회적 성공에 관한 가치를 측정하는 것이었다. 이 요인에서의 높은 점수는 경제적으로 풍요로운 삶을 지향하는 가치를 지녔다는 것을 의미한다. 탈북자들을 성별로 비교해본 결과 남녀 간에 유의미한 차이가 나타나지 않았다($F(1,93) = 0.231$, ns). 남한주민과 탈북자들 간의 비교에서는 남한주민들(42.19)보다 탈북자들(43.14)이 물질주의적 삶에 관한 가치가 더 높은 것으로 나타났으나, 그 차이는 유의미한 것이 아니었다($F(1,212) = 1.10$, ns). 사회의식 요인은 사회문제에 대한 관심과 정부에 대한 태도, 강대국에 대한 반응 등을 알아보기 위한 것이었다. 탈북자들 중 남자들이 여자들보다 사회의식이 더 높은 것으로 밝혀졌으며 그 차이는 통계적으로 유의미한 것이었다($F(1,92)$

＝21.762, p〈.001). 남한주민과 탈북자들 간의 비교에서는 남한주민들(22.94)보다 탈북자들(5.59)이 사회문제나 국제관계에 더 많은 관심이 있는 것으로 나타났으며 두 집단 간에 유의미한 차이가 있었다(F(1.234)＝17.18, p〈.001). 이는 탈북자들이 남한주민들에 비해 정치나 사회문제 등에 더 관심을 갖고 있고 비판적이며 시위 등에도 적극적으로 참여하겠다는 것을 나타낸다. 능력과 역할주의 요인은 개인이 자신의 능력과 사회적 역할을 어떻게 인식하는가를 나타내는 것이었다. 이 요인에서 높은 점수는 능력과 학력이 같다면 남녀는 동등한 대우를 받아야 하며, 직업선택에서 개인 능력의 발휘가 중요하다고 인식하고 있다는 것을 의미한다. 이 요인에서는 탈북자들 중 남자가 여자보다 능력과 역할주의 가치관이 더 높은 것으로 나타났다(F(1.95)＝3.526, p〈.06). 이 요인에서는 남한주민들(34.91)이 탈북자들(30.27)보다 점수가 더 높은 것으로 나타났고 이는 통계적으로도 유의미한 차이였다(F(1.239)＝69.68, p〈.001). 전통위계의식은 사회규범과 사회원리로서의 도덕적 가치에 관한 문항들로 구성되어 있다. 예컨대 나이든 어른에게서 본 받을만한 것이 많다든지 시대가 변해도 전통적인 가르침은 변함없이 지켜져야 한다와 같은 문항들이다. 이 요인에서는 탈북자들 중 남녀 간에 유의미한 차이가 나타나지 않았다(F(1.92)＝0.061, ns). 남한주민과 탈북자들 간의 비교에서는 탈북자들(27.74)이 남한주민들(25.47)보다 전통위계의식이 더 강한 것으로 나타났다(F(1.236)＝13.77, p〈.001).

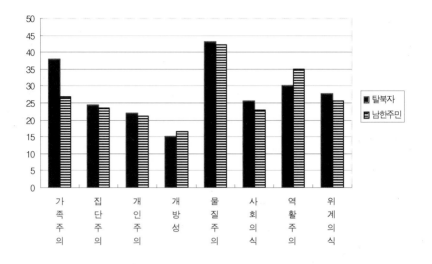

그림 9. 남한주민과 탈북자들 간 세대가치와 라이프스타일의 평균치

탈북자들을 대상으로 그들의 연령에 기초하여 젊은 세대(10대와 20대)와 기성세대(30대, 40대, 50대)로 구분한 다음 그들의 가치관을 비교해 보았다. 그 결과 문화적 개방성(16.60 대 14.69, $F(1,93)=$ 4.416, $P<.05$), 사회의식(27.65 대 25.12, $F(1,91)=3.762$, $p<.05$), 전통위계의식(29.65 대 27.27, $F(1,91)=4.234$, $p<.05$) 등의 요인에서는 두 세대 간에 유의미한 차이가 나타났다. 이는 탈북자들 중 젊은 세대들이 문화적 개방성과 사회의식, 전통위계의식이 더 강하다는 것을 의미한다.

(3) 탈북자들의 귀인양식

탈북자들이 자신에게 일어나는 성공이나 실패에 대해 어떻게 생각하는지를 살펴보기 위해 탈북자들에게 다양한 상황을 제시해 주고 그 상황에 대해 어떻게 생각하는지를 측정하였고, 그 결과를 남한주민들의 귀인양식과 비교해 보았다. 탈북자들에게 제시한 상황은 직장에서 승진에 탈락하거나 해고를 당했다던지 친한 친구가 나를 믿지 못하겠다고 말하는 상황 등 7가지의 상황들이었다. 귀인양식은 내외 귀인과 일관성 귀인, 특수상황 귀인 등 3가지로 구분하여 살펴보았다. 먼저 내외적 귀인의 경우 남한주민들(4.78)에 비해 탈북자들(5.03)은 실패 혹은 좌절 상황에서 자신에게 원인을 돌리는 내적인 귀인을 더 많이 하는 것으로 나타났다($F(1,242)=$ 5.341, $p<.05$). 즉 직장에서 승진에 탈락하거나 해고를 당한 경우 탈북자들은 그것이 자신 때문이라고 생각하는 경우가 많은 반면, 남한주민들은 그것이 다른 사람이나 주변 환경 때문이라고 생각하는 경우가 많다는 것을 의미한다. 앞으로 유사한 종류의 상황에서 똑같은 것이 다시 일어날 것인가에 대해서 탈북자들은 절대로 일어나지 않을 것이라고 귀인 한 반면(3.91), 남한주민들은 언제나 일어날 것이라고 귀인 하는 경우(4.83)가 많았다($F(1,1,240)=$ 67.74, $p<.001$). 그 원인이 이러한 종류의 상황에만 영향을 미치는 것인지 아니면 생활의 다른 면에도 영향을 미치는 것인지에 대해 탈북자들은 오직 이 상황에만 영향을 미친다고 생각하는 경향이 높았고(3.75), 남한주민들은 내 생활의 모든 면에 영향을 미친다고 생각하는 경향이 높았다(4.87)($F(1,240)=63.84$, $p<.001$).

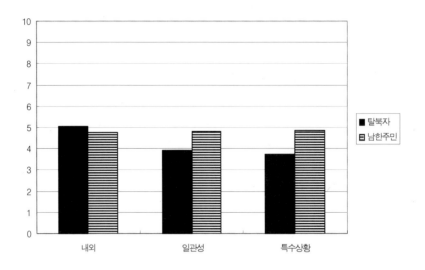

그림 10. 탈북자들과 남한사람들의 유형별 귀인 차이

(4) 탈북자들의 고정관념

탈북자들의 자신들과 남한주민들에 대한 고정관념을 살펴보기 위해 탈북자들에게 39개의 성격기술 형용사를 제시해 주고 탈북자들중 약 %가 해당 특성을 갖고 있다고 생각하는지를 추정하게 하였다. 고정관념에 대해 어떤 집단의 속성에 대하여 많은 사람들이 공통적으로 갖고 있는 신념들의 집합이라고 정의하는 학자들(Stallybrass, 1977; Ashmore & Del Boca, 1981)의 견해에 따라 추정치가 높은 특질형용사들이 특정집단 구성원들에 대한 고정관념적 특성일 것이라고 보았다. 이를 높은 추정치의 순서대로 정리한 것이 표 3에 제시되어 있다. 39개의 특질형용사들에 대한 백분율 추정치를 평균 내어 그중 50% 이상의 추정치를 얻은 특질형용사만을 제시하였다. 탈북자들로 하여금 탈북자를 대상으로 추정한 것과 남한주민들이 탈북자들에 대해 추정한 것을 서로 비교할 수 있도록 제시하였다.

표 3을 보면 탈북자들은 탈북자 자신들의 특성을 순수하다, 무뚝뚝하다, 생활력이 강하다 등 대체로 긍정적으로 지각하고 있는 것으로 나타났다. 전체적인 인상이 순수하고 고집이 세며 생활력이 강한 것으로 묘사되었는데 이는 남한주민들이 농촌 사람들에 대해 갖고 있는 고정관념의 내용과 유사한 것이다. 반면 남한주민들은 탈북자들을 생활력이 강하다, 예측할 수 없다, 악착같다, 무뚝뚝하다, 부지런하다 등의 특성을 갖고 있는 것으로 지각하였다. 남한주민들의 탈북자들에 대한 고정관념은 대체로 탈북자들이 지각한 고정관념의 내용과 유사한 면이 많았는데 생활력이 강하고 부지런 한 것으로 지각한 반면에 예측할 수 없다, 날카롭다, 냉정하다 등 다소 부정적인 고정관념도 포함되어 있었다. 이는 남한주민들이 탈북자들을 잘 모르거나 자주 접할 수 있는 기회가 없었기 때문에 그들에 대한 경계심리가 나타난 것으로 볼 수 있다.

표 3. 탈북자들에 대한 고정관념의 내용과 백분율 추정치의 평균

탈북자→탈북자	남한주민→탈북자
순수하다(60.71)	생활력이 강하다(62.35)
무뚝뚝하다(59.28)	예측할 수 없다(63.41)
생활력이 강하다(55.37)	악착같다(63.01)
고집이 세다(51.66)	무뚝뚝하다(61.54)
불쌍하다(50.04)	부지런하다(61.20)
	조심성 있다(60.41)
	불쌍하다(60.11)
	열의가 있다(57.82)
	날카롭다(56.61)
	냉정하다(56.58)
	순수하다(54.77)
	복종적이다(53.82)
	예의바르다(53.23)
	믿을 수 없다(50.38)

( ) 평균

탈북자들이 탈북자 자신들을 지각한 것에는 다소 일관성이 나타났으나 남한주민들이 탈북자들에 대해 추정한 것에는 다양한 특질 형용사들이 나타났다. 39개의 특질 형용사에 대한 백분율 추정치가 어떤 차원으로 구분될 수 있는가를 알아보기 위하여 남한주민들이 탈북자들에 대해 추정한 것을 요인 분석하였다. 요인분석은 주요인 추출법과 Varimax회전법을 사용했다. 그 결과 고유가(eigenvalue)가 2 이상인 것으로 세 가지 요인이 추출되었는데 그 요인은 반항아 요인과 예의바름 요인, 적극성 요인 등이었다. 반항아 요인에 높은 부하량을 보인 문항들은 까다롭다, 반항적이다, 비판적이다, 이기적이다, 지배적이다 등이었고, 예의바름 요인에 높은 부하량을 보인 문항들은 겸손하다, 순수하다, 도덕적이다, 믿고 의지할만하다, 예의바르다, 정이 많다 등이었으며, 적극성 요인에는 경쟁적이다, 부지런하다, 분별력 있다, 열의가 있다 등의 문항이 포함되었다.

탈북자들이 이 세 요인에 의해서 특정지어질 수 있다는 지각의 정도가 남한주민과 탈북자 간에 서로 다른가를 알아보기 위해서 남한주민과 탈북자별로 이 세요인의 요인 점수를 종속변인으로 하여 변량분석을 해보았다. 그 결과 반항아 요인에 대해서는 남한주민(44.54)과 탈북자들(32.40) 간에 유의미한 차이가 나타났으며(F(1,236)=26.60, p<.001), 예의바름 요인에 대해서는 남한주민(46.53)과 탈북자들(43.18) 간에 유의미한 차이가 나타나지 않았고(F(1,236)=2.33, ns), 적극성 요인에 대해서는 남한주민(52.72)과 탈북자들(40.99) 간에 유의미한 차이가 나타났다(F(1,237)=27.81, p<.001). 이는 남한주민들은 탈북자들보다 탈북자들이 더 반항적이고, 비판적이고 이기적이라고 지각하였으며, 더 경쟁적이고 부지런하고 열의가 있는 것으로 지각하였다는 것을 의미한다. 탈북자들이 겸손하고 순수하고 도덕적이라는 것에 대해서는 남한주민과 탈북자들 간의 지각에 차이가 나타나지 않았다.

표 4. 세 요인 점수의 남한주민과 탈북자들 간의 비교

요 인	남 한 주 민	탈 북 자
반항아 요인	44.53(19.81)	32.40(14.77)
예의바름 요인	46.53(16.66)	43.18(16.61)
적극성 요인	52.72(17.83)	40.99(15.56)

( ) 표준편차

3. 탈북자들의 소외감에 영향을 미치는 요인

(1) 탈북자들의 소외감

　많은 학자들은 현대 문명 및 사회구조가 가져다주는 눈에 보이지 않는 사회심리적인 부작용의 하나로 소외를 들고 있다. 이는 인간이 기계에 종속되고 사회가 보다 구조화, 체계화하는 데에서 오는 개인의 통제불능감, 일에서 보람을 찾을 수 없는 허무주의, 그리고 이기적이고 경쟁적인 인간관계에서 비롯되는 인간관계의 고립을 의미한다. 탈북자들의 소외감 수준을 측정하여 그들이 남한 사회에 얼마나 잘 적응하고 있는지를 살펴보고자 하였다. 소외감의 측정은 응답자로 하여금 30개의 항목을 읽고 각 항목에 대해 0점부터 100점까지의 범위내로 자신의 찬성 정도를 표시하게 하여 측정했다. 따라서 개인별 소외점수는 각 소외 영역별로 0점에서부터 600점까지 분포할 수 있다. 본 연구에서 살펴본 소외영역은 다섯 가지인데 일로 부터의 소외, 자신으로부터의 소외, 사회제도로부터의 소외, 인간관계로부터의 소외, 가정으로부터의 소외 등이다.

　다섯 가지 소외 영역별로 점수를 비교해 보면 탈북자들의 경우 일로 부터의 소외가 가장 높았고(133.62), 그 다음이 사회제도(130.58), 인간관계(126.58), 가정(109.96), 자신으로부터의 소외(73.45) 순이었다. 일로 부터의 소외에서 가장 점수가 높게 나온 것은 '나는 나의 직무를 좋아하지도 않고 나의 일을 즐기지도 않는다(31.82)'이며, 그 다음으로 높은 점수가 나온 것은 '일상적인 작업은 너무 지루해서 일할 가치가 없다(22.68)'이다. 사회제도로부터의 소외에서 가장 점수가 높게 나온 것은 '정치가들은 우리 삶을 통제한다(27.52)'이고, 그 다음은 '나는 매우 위험하고 극적인 저항운동에 참여하는 사람을 좋아한다(25.72)'이다. 인간관계로 부터의 소외에서 가장 점수가 높게 나온 것은 '모든 사람들이 자신 의 목적을 위해 나를 이용하려 한다(30.46)'이고, 그 다음은 '떠들 썩한 잔치는 내게 아주 흥미가 있다(24.99)'이다. 가정으로부터의 소외에서 가장 점수가 높게 나온 것은 '가정은 안정과 따뜻함을 제 공하지 않는다(22.27)'이고, 그 다음은 '나의 가정생활을 보완하기 위하여 다른 비밀스러운 생활을 갖는 것은 아주 재미있을 것이다 (19.49)'이었다. 자신으로부터의 소외에서 가장 점수가 높게 나온 것은 '불행하게도 사람들은 자신이 단지 피조물에 불과하다는 것을 모르는 것 같다(16.67)'이고, 그 다음은 '나는 내 마음을 모를 때 가 자주 있다(14.70)'이다. 탈북자들이 일로 부터의 소외를 가장 크게 느끼는 것은 자신들이 왜 일을 하는지에 대한 불확실성, 자신 들이 일하는 것이 무의미하다는 생각, 자신이 좋아하는 일을 하지 않기 때문인 것으로 해석된다.

탈북자들이 다섯 가지 영역에 대해 느끼는 소외감의 수준을 남한주 민들이 느끼는 소외감의 수준과 비교해 보았다. 그 결과 일과 가정으 로부터의 소외에 대해서는 두 집단 간에 유의미한 차이가 나타나지 않 았으나 사회제도로부터의 소외(130.57 대 190.14, $F(1,235)=$ 21.48, $p<.001$), 자신으로부터의 소외(73.45 대 106.94, $F(1,234)$ $=13.986$, $p<.001$), 인간관계로부터의 소외(126.58 대 149.84, $F(1,238)=5.045$, $p<.05$)는 두 집단 간에 유의미한 차이가 나타났다. 사회제도나 자신 인간관계로부터의 소외의 경우 남한주민들보다는 탈 북자들이 느끼는 소외감이 상대적으로 적은 것으로 나타났다. 그러나 가정으로부터의 소외의 경우 남한주민(95.72)들보다는 탈북자들 (109.96)이 더 높았는데 그 차이가 유의미한 것은 아니었다.

표 5. 남한주민과 탈북자들 간의 소외점수 비교

		탈북자	남한주민
소외영역별	일	133.62(56.25)	152.96(100.39)
	자신	73.45(53.68)	106.94(74.40)
	사회제도	130.57(79.60)	190.14(106.97)
	인간관계	126.58(57.05)	149.83(190.44)
	가정	109.96(52.73)	95.72((83.79)
소외유형별	무력감	19.87(8.66)	25.58(13.17)
	의욕상실	18.34(8.37)	18.67(12.49)
	허무주의	19.20(9.50)	25.39(14.42)
	극단적 모험성	19.57(7.44)	24.05(13.55)

( ) 표준편차

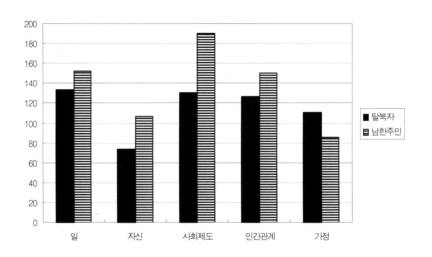

그림 11. 남한사람과 탈북자들 간의 소외영역별 차이

소외감은 그 소외의 원천을 중심으로 소외영역별로 구분할 수도 있고 우리가 느낀 소외감 즉 소외감의 유형별로 구분해 볼 수도 있다. 소외영역은 단순히 어떤 원천의 소외가 있는가를 우리에게 알려주지만 소외유형은 우리가 실제로 겪는 소외감의 느낌을 알려줄 수 있다. 따라서 소외유형 그 자체가 우리가 피부로 느끼고 또 실제로 경험하는 소외감의 내용이 되는 것이다. 탈북자들의 경우 소외유형별로 소외감 평균점수를 비교해 보았을 때 가장 점수가 높게 나온 것은 무력감(19.87)이었으며, 그 다음은 극단적 모험성(19.57), 허무주의(19.21), 의욕상실(18.35)의 순이었다. 탈북자들이 가장 크게 느끼는 소외유형은 무력감이었는데 무력감이란 한 개인이 사회적 또는 개인적 사건들에 대해 어떤 영향력도 행사할 수 없다고 느낀 데에서 오는 절망감이다. 무력감은 개인이 주로 정치나 법적 권력하에서 느끼는 절망감인데 본 연구의 조사대상자들인 탈북자들이 아직 정부의 보호를 받고 있는 사람들이라서 무력감을 크게 느끼는 것으로 해석할 수 있다. 다음으로 높은 소외유형은 극단적 모험성인데 이는 탈북자들이 소외를 어떤 극단적인 행동을 취해서 해소하려는 경향성이 많기 때문인 것으로 해석할 수 있다. 탈북자들이 좌절과 분노를 안으로 삭이려는 것보다 밖으로 표출하려는 경향성이 많다는 것을 의미하기도 한다. 허무주의에서의 높은 점수는 어떤 일이나 행위에 의미나 뜻을 갖지 못하는 것이다. 탈북자들이 아직 자신이 하고 싶고 할만한 일이라고 생각되는 일을 하지 못하고 있기 때문에 이 소외 유형에서 높은 점수를 보이는 것으로 해석할 수 있다. 그러나 의욕상실에서 낮은 점수를 보인 것은 탈북자들이 아직은 패기가 있고 진취적인 경향이 어느 정도 갖고 있음을 의미한다. 이는 우리사회가 탈북자들이 계속 진취적이고 야망을 가질 수 있도록 사회분위기를 조성하는 것이 필요하다는 것을 시사해 준다.

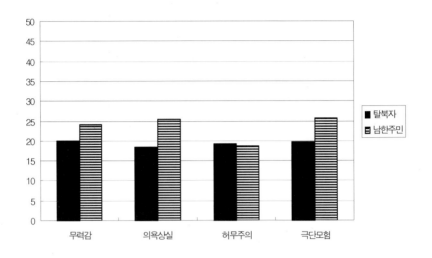

그림 12. 남한사람과 탈북자들 간의 소외유형별 차이

(2) 탈북자들의 소외감에 영향을 미치는 요인

탈북자들의 소외감에 영향을 미치는 요인이 무엇인가를 살펴보기 위해 탈북자들의 가치관, 라이프스타일, 내외귀인 등 심리적 특성과 소외감과의 관련성에 대해 살펴보았다.

① 가치관과 소외감의 관계

가치관의 경우 가치관의 하위유형과 소외감 간의 관계를 살펴본 결과 풍요로운 생활에 대한 가치관이 소외감과 정적인 상관이 있는 것으로 나타났다($r=0.254$, $p<.01$). 이는 돈은 꼭 있어야 하고, 인생을 풍부하게 살아야 한다고 생각하는 탈북자들이 남한사회에서 더 소외감을 느끼고 있다는 것을 의미한다. 개인주의와 남녀평등주의는 소

외감과 약간의 정적인 상관이 나타났다. 이는 국가보다는 개인을 중요시하며 자신과 가족을 나라보다 더 떠받들어야 한다는 가치관을 가진 탈북자들이 소외감을 더 느끼고 있다는 것을 의미한다(r=0.152, p<.10). 또한 처녀의 정조를 지켜야 한다던지 시집에 더 충성해야 한다는 전통적 가치관을 가진 탈북자들이 남한사회에서 더 소외감을 느끼고 있는 것으로 나타났다(r=0.150, p<.10). 남녀평등주의는 탈북자들과 남한사람들 간에 가장 차이가 나타난 항목이었는데 남한사람은 남녀평등주의를 가진 사람이 많았던 반면, 탈북자들은 남성우월주의와 관련한 전통적인 가치관을 가진 사람이 더 많았다.

표 6. 가치관의 하위유형과 소외감 간의 상관관계

	소외감	개인주의	탈권위주의	자기주장성	남녀평등	풍요생활
개인주의	0.152					
탈권위주의	0.037	0.091				
자기주장성	−0.121	−0.022	−0.042			
남녀평등	0.150	0.204	0.259**	−0.016		
풍요생활	0.254**	0.204*	0.112	−0.006	0.018	
불확실성	−0.019	0.168	−0.337**	0.171*	−0.067	0.017

* p<.05 ** p<.01

소외감을 가장 잘 설명해 줄 수 있는 요인이 무엇인가를 살펴보기 위해 소외감을 종속변인으로 하고 가치관의 하위유형을 독립변인으로 하여 단계적 중다회귀분석을 실시하였다. 분석결과 탈북자들의 소외감을 가장 잘 설명해 주는 변인은 가치관의 하위유형 중 풍요로운 생활과 관련된 가치관이었다(F=5.726, p<.01). 인생에 있어서 돈은 중요하며 풍요롭게 사는 것이 중요하다고 생각하는 가

치관이 소외감과 가장 관련성이 높았다는 것을 의미한다.

표 7. 가치관에 따른 소외감의 회귀분석 결과

변인	Beta	t	R^2	$adjR^2$	F
풍요로운 생활	0.254	2.390	0.07	0.053	5.726**

** p<.01

② 라이프스타일과 소외감의 관계

탈북자들의 소외감에 영향을 미치는 요인으로 탈북자들의 라이프스타일에 대해 살펴보았다. 라이프스타일의 8가지 하위유형과 소외감 간의 상관은 표 8에 제시되어 있다. 소외감과 상관이 높은 것으로 나타난 라이프스타일의 하위 유형은 문화적 개방성(r=−0.322, p<.001), 사회의식(r=−0.276, p<.01), 전통가족주의(r=−0.236, p<.01), 전통집단주의(r=−0.270, p<.01), 개인주의(r=−0.179, p<.05) 등이었다. 소외감과 유의미한 상관을 나타낸 라이프스타일의 하위유형은 이전 분석결과에서 밝혀졌듯이 탈북자들이 남한주민에 비해 더 높은 점수를 나타낸 것이었다. 따라서 탈북자들 중 남한주민들과 다른 라이프스타일을 가진 탈북자들이 남한사회에서 더 소외감을 느끼고 있는 것으로 해석할 수 있다.

표 8. 라이프스타일의 하위유형과 소외감 간의 상관관계

	소외감	문화 개방	물질삶	사회 의식	능력 역할	전통 위계	전통 가족	전통 집단
문화개방	−0.322***							
물질 삶	−0.145	0.477						
사회의식	−0.276**	0.545	0.554					
능력역할	−0.118	0.582	0.607	0.503				
전통위계	−0.169	0.511	0.607	0.571	0.658			
전통가족	−0.236**	0.549	0.697	0.689	0.604	0.746		
전통집단	−0.270**	0.565	0.654	0.641	0.608	0.678	0.649	
개인주의	−0.179*	0.538	0.670	0.444	0.664	0.583	0.580	0.631

* p<.05 ** p<.01 *** p<.001

　　탈북자들의 소외감을 가장 잘 설명해줄 수 있는 라이프스타일이 무엇인가를 알아보기 위해 소외감을 종속변인으로 하고 라이프스타일의 8가지 하위유형을 독립변인으로 하여 단계적 중다회귀분석을 실시하였다. 결과를 살펴보면 소외감을 가장 잘 설명해주는 라이프스타일의 하위유형은 문화적 개방성이었으며(F=9.39, p<.01) 설명변량은 11%였다. 이는 외국문화에 대해 수용적이고 개방된 태도를 갖고 있지 않을수록 소외감을 더 느낀다는 것을 의미한다. 탈북자들 중 남한사회에 적응하면서 남한사회의 문화를 개방적으로 수용하는 정도가 낮을수록 소외감을 더 느끼고 있다는 것을 의미한다.

표 9. 라이프스타일에 따른 소외감의 회귀분석 결과

변인	Beta	t	R^2	$adjR^2$	F
문화개방	−0.322	−3.06	0.11	0.093	9.39**

$** \ p < .01$

③ 내외귀인과 소외감의 관계

탈북자들의 자신에게 일어나는 성공이나 실패에 대해 어떻게 생각하는지와 관련된 귀인 양식이 소외감과 어떠한 관련이 있는가를 살펴보기 위해 귀인양식의 3가지 유형과 소외감과의 상관관계를 살펴보았다. 표 10을 살펴보면 탈북자들의 소외감과 가장 상관이 높은 귀인양식은 내외귀인양식이었다(r = −0.392, p < .001). 실패혹은 좌절상황에서 다른 사람이나 주변 환경에 원인을 돌리는 외적귀인을 많이 하는 탈북자들이 소외감을 더 느끼고 있는 것으로 나타났다. 내외귀인양식의 경우 탈북자들은 남한주민에 비해 내적귀인을 하는 경향성이 높았는데, 탈북자들 중에는 외적귀인을 하는 사람들이 소외감을 더 느끼고 있는 것으로 나타났다.

표 10. 귀인양식의 세 가지 유형과 소외감 간의 상관관계

	소외감	내적귀인	일관귀인
내적귀인	−0.392***		
일관귀인	0.158	−0.374	
특수귀인	0.194	−0.428	0.801

$*** \ p < .001$

귀인양식의 세 가지 유형 중 탈북자들의 소외감을 가장 잘 설명
해주는 요인이 무엇인가를 살펴보기 위해 소외감을 종속변인으로
하고 세 가지 귀인양식을 독립변인으로 하여 단계적 중다회귀분석
을 실시하였다. 그 결과 탈북자들의 소외감을 가잘 잘 설명해주는
요인은 내외귀인 양식으로(F=15.23, p<.001) 설명변량은 15%
였다. 자신에게 일어난 성공 혹은 실패에 대한 내적/외적 귀인양식
이 탈북자들의 소외감을 설명하는데 가장 중요한 영향을 미치는 것
으로 해석할 수 있다.

표 11. 귀인양식에 따른 소외감의 회귀분석 결과

변인	Beta	t	R^2	adjR^2	F
내외귀인	−0.392	−3.90	0.15	0.143	15.227***

*** p<.001

④ 가치관, 라이프스타일, 귀인양식과 소외감과의 관계

이상에서 살펴본 탈북자들의 가치관, 라이프스타일, 귀인양식의
하위유형들 중 소외감과의 단계적 중다회귀분석에서 유의미한 결과
가 나타난 것, 즉 풍요로운 생활, 문화적 개방성, 내외귀인 양식
중 소외감에 가장 큰 영향을 미치는 것이 무엇인가를 살펴보기 위
해 세 가지 하위유형을 독립변인으로 하고 소외감을 종속변인으로
하여 단계적 중다회귀분석을 실시하였다.

결과를 살펴보면 탈북자들의 소외감을 가장 잘 설명해주는 변인은
내외귀인 양식(F=16.564, p<.001)으로 설명변량은 15.6%였다.
다음으로는 문화적 개방성(F=10.898, p<.001)으로 나왔으며 풍
요생활(F=1.667, p<.05)로 세 변인의 전체 설명변량은 30.8%였

다. 이러한 결과는 탈북자들이 남한 사회에 적응하는 과정에서 느끼는 소외감은 그들의 가치관이 무엇인가에 따라 영향을 받는 것이 아니라, 자신이 경험한 실패와 좌절을 자신의 잘못으로 귀인 하는 사고양식 때문이라는 것을 의미한다. 탈북자들의 라이프스타일 중에는 문화적 개방성이 가장 설명변량이 높은 것으로 나타났는데, 이는 탈북자들이 자신들이 살아오면서 접한 것과 전혀 다른 문화를 받아들이는 것에 대해 어려워하고 있다는 것으로 해석된다. 또한 풍요로운 생활에 대한 적응에 대한 부담감이 강하게 나타난 것으로 보인다.

표 12. 탈북자들의 소외감을 설명하는 변인들의 회귀분석 결과

변인	Beta	t	R^2	$adjR^2$	F
내외귀인	−0.338	−3.27	0.166	0.156	16.564***
문화개방	−0.220	−2.13	0.210	0.191	10.898***
풍요생활	0.391	2.272	0.153	0.061	1.667*

* p<.05 *** p<.001

4. 탈북자들의 삶의 질

(1) 탈북자들의 욕구충족도: 행복한 삶의 조건

탈북자들과 남한주민들에게 여러 가지 조건을 제시해주고 행복한 삶을 사는데 가장 중요하다고 생각하는 조건이 무엇이라고 생각하

는지에 대해 조사하였다. 응답자들에게는 10개의 조건을 제시해 주고 각 조건이 중요하다고 생각하는 정도를 5점 척도상에서 표시하도록 하였다.

그 결과 남한주민들은 행복한 삶을 사는데 가장 중요한 것으로 삶에서 보람을 느끼는 것(4.40), 행복한 가정생활(4.35), 경제적으로 여유 있게 사는 것(4.29), 일에서 보람을 느끼는 것(4.20) 등의 순이었다. 반면 탈북자들의 경우에는 행복한 삶을 사는데 가장 중요한 것으로 행복한 가정생활(4.82), 삶에서 보람을 느끼는 것(4.71), 일에서 보람을 느끼는 것(4.63), 돈독한 우정(4.59) 등의 순이었다. 남한주민들은 행복한 삶을 사는데 중요한 것으로 경제적으로 여유 있게 사는 것을 두 번째로 든 반면 탈북자들에게서는 그 조건이 다섯 번째로 중요한 것으로 나타났다. 전체적으로 볼 때 탈북자들은 본 연구에서 제시된 10개의 조건 모두에 대해 중요하다고 생각하는 것이 남한주민들에 비해 상대적으로 더 높았다.

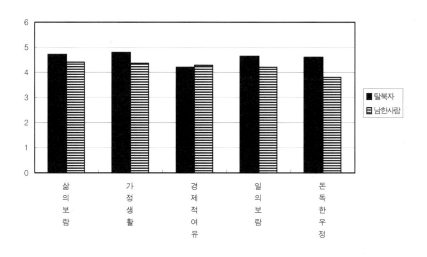

그림 13. 탈북자들과 남한사람들의 욕구충족도 비교

(2) 탈북자들의 주관적 삶의 질과 만족도

탈북자들과 남한주민들의 주관적인 삶의 질을 살펴보기 위해 먼저 그들에게 지난 몇 달 동안 자신의 삶에 대해서 어떻게 느꼈는지에 대해 살펴보았다. 먼저 응답자들에게는 8개의 형용사 짝을 제시해 주고 자신의 감정과 유사한 것을 7점 척도상에서 선택하도록 하였다. 예컨대 척도의 한쪽 끝에는 '재미있는'을 제시해 주고 다른 한쪽 끝에는 '지루한'을 제시해준 다음 7점 척도상에서 자신이 어떻게 느꼈는지를 나타내게 하였다.

그 결과 전반적으로 탈북자들은 남한주민에 비해 주관적인 삶의 질을 낮게 지각하고 있는 것으로 나타났다(27.94 대 25.87, $F(1,235)=2.763$, $p<.09$). 특히 지난 몇 달 동안 자신의 삶이 지루하다거나 운이 없다고 지각하는 경향이 남한주민에 비해 훨씬 높았다. 자신의 삶에 대한 전반적인 만족도도 살펴보았는데 만족도는 응답자들에게 100점을 만점으로 자신의 삶에 대해 점수를 매기도록 하였다. 자신의 생활에 대한 만족도에 있어서도 탈북자들은 남한주민에 비해 자신의 삶에 만족하는 정도가 낮았으며, 두 집단 간의 생활에 대한 만족도는 통계적으로 유의미한 차이가 나타났다(49.97 대 63.10, $F(1,238)=25.92$, $p<.001$).

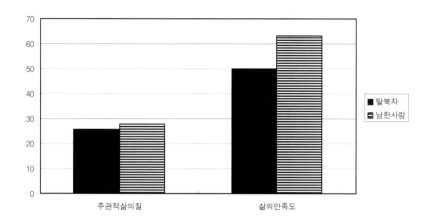

그림 14. 탈북자들과 남한사람들의 주관적 삶의 질과 삶의
만족도 비교

(3) 유형별 삶의 만족도 특성

탈북자들의 삶의 질에 영향을 미치는 것이 무엇인지를 구체적으
로 살펴보기 위해 그들을 대상으로 생활의 여러 가지 측면에 대한
만족도를 살펴보았다.

먼저 수입의 경우 탈북자들의 72.2%가 자신의 수입에 만족하지
않고 있다고 응답하였고, 그저 그렇다고 응답한 사람은 13.4%, 만
족한다고 응답한 사람은 14.4% 정도였다. 자신의 수입에 만족하
지 않는 이유에 대해 질문하였는데 전체 응답자의 51.5%는 돈 액
수 자체가 생활비에도 미치지 못하기 때문이라고 응답하였고 남한
사람에 비해 상대적으로 적기 때문이라고 응답한 사람은 35.4%였
다. 이는 탈북자들이 자신의 수입이 생활하기에는 부족하기 때문에
가장 불만족을 갖고 있는 것으로 나타났다. 탈북자들을 남녀별, 연
령별, 결혼유무별, 정착기간별로 구분하여 수입에 대한 만족도를

살펴보았다. 먼저 성별의 경우 여자(2.96)들이 남자(2.11)들보다 수입에 더 만족하는 것으로 나타났으며 이는 통계적으로 유의미한 차이가 나타났다(F(1,88)=6.282, p<.01). 연령별로 살펴보면 연령은 10대와 20대를 같이 묶었고 30대와 40대, 50대 이상으로 구분하였는데 나이가 많을수록 수입에 만족하는 것으로 나타났고 이는 통계적으로 유의미한 결과였다(F(3,85)=3.225, p<.05). 특히 50대 이상의 경우 수입에 대한 만족도(3.53)는 다른 연령 대에 비해 유의미하게 높은 것으로 나타났다. 결혼유무별로 살펴보면 기혼자들(2.95)이 미혼자들(1.77)보다 수입에 더 만족하는 것으로 나타났다(F(1,82)=10.578, p<.01). 정착기간별로 보면 남한에 정착한 기간을 년수로 계산하여 정착한지 2년 이내인 사람과 3년, 4년 된 사람, 그리고 4년 이상 된 사람들로 구분하였을 때 정착기간이 가장 긴 4년 이상 된 사람이 다른 사람들보다 수입에 더 만족하고 있는 것으로 나타났으며 이는 유의미한 것이었다(F(3,86)=3.667, p<.01).

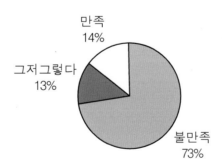

그림 15. 탈북자들의 수입에 대한 만족도

　탈북자들 중 배우자가 있는 사람들에게 부부관계와 관련된 만족도에 대해 살펴보았다. 그 결과 탈북자들 중 부부관계에서 꽤 혹은 아주 행복하게 느낀다고 응답한 사람은 30.4%였고, 보통이다는 37.4%였으며, 부부관계에서 매우 혹은 약간 불행하다고 느끼는 사람은 20.2%에 불과하였다. 부부관계의 경우 연령이 낮을수록 부부관계에 대한 만족도는 낮았으며, 연령이 많을수록 부부관계에 대한 만족도가 높은 것으로 나타났다(F(3,85)=2.71, p<.05). 결혼한 사람들 중에서는 여자(3.00)가 남자들(2.85)보다 부부관계에 더 만족하는 경향이 나타났으나 유의미한 차이를 보이지는 못했다.

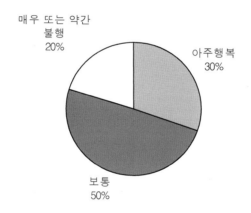

그림 16. 탈북자들의 부부관계 만족도

　부모－자녀관계에 있어서는 서로 사이가 좋다고 응답한 사람은 56.6%인 반면, 자녀들과 사이가 좋지 않다고 응답한 사람은 6.1%에 불과했다. 자녀가 잘못했을 때 잘못한 점을 깨닫도록 설명하고 지도하는데 어려움을 느꼈는가에 대한 질문에 전혀 느끼지 않았다고 응답한 사람은 45.5%였고, 약간 느꼈다가 29.3%, 꽤 느

졌다가 7.1%, 많이 느꼈다가 3.0%였다. 연령이나 성별에 따른 부
모－자녀관계에 대한 만족도는 차이가 나타나지 않았다. 그러나 정
착기간이 3-4년 정도 된 사람들이 부모－자녀관계에 가장 만족하
고 있는 것으로 나타났는데 이는 다른 집단들보다는 유의미하게 높
은 것이었다(4.30 대 3.61).

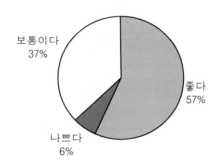

그림 17. 탈북자들의 부모－자녀관계 만족도

친구들과의 관계에서 어느 정도 만족을 느끼는가에 대한 질문에
대해서는 응답자들의 26.2%가 꽤 혹은 아주 만족한다고 응답하였
고, 그저 그렇다에 응답한 사람은 58.6%였으며, 매우 혹은 약간
불만족하게 느끼는 응답자들은 15.1%에 불과하였다. 연령별로 보
면 연령이 낮을수록 친구관계에 더 만족하는 것으로 나타났으며 이
는 유의미한 것이었다(F(3,84)=2.919, p<.05). 이는 연령이 낮
을수록 탈북자 친구가 많기 때문인 것으로 해석된다.

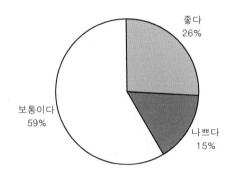

그림 18. 탈북자들의 친구관계 만족도

탈북자들의 삶의 질에 가장 영향을 미치는 요인이 무엇인가를 살펴보기 위해 삶의 질에 대한 측정치를 종속변인으로 수입과 부부관계, 부모-자녀관계, 친구관계에 대한 만족도를 독립변인으로 하여 단계적 중다회귀분석을 실시하였다. 분석결과 탈북자들의 삶의 질을 가장 잘 설명하는 변인은 부부관계(F=6.90, p<.05)로 설명변량은 7%였다. 다음으로는 친구관계로 두 변인의 전체 설명변량은 11%였다.

표 13. 탈북자들의 삶의 질을 설명하는 변인들의 회귀분석 결과 I (탈북자 전체대상)

변인	Beta	t	R^2	$adjR^2$	F
부부관계	0.262	2.47	0.08	0.069	6.9*
친구관계	−0.226	−2.13	0.13	0.109	5.88*

* p<.05

이 결과는 탈북자 전체를 대상으로 한 것이었기 때문에 부부관계에 대한 만족도가 탈북자들의 삶의 질을 결정하는 요인으로 해석하기는 어렵다. 따라서 기혼자들만을 대상으로 하여 단계적 회귀분석을 실시하였다. 그 결과 부모-자녀관계에 대한 만족도가 삶의 질에 가장 영향을 미치는 것으로 나타났다. 기혼자들 중 탈북자들의 삶의 질을 가장 잘 설명하는 변인은 부모-자녀관계(F=4.98, p<.05)로 설명변량은 7%였다.

표 14. 탈북자들의 삶의 질을 설명하는 변인들의 회귀분석
결과 Ⅱ(기혼자들만 대상)

변인	Beta	t	R^2	$adjR^2$	F
자녀관계	2.143	2.232	0.09	0.071	4.98*

* p<.05

이러한 결과에 비추어 볼 때 탈북자들의 삶의 질에서 가장 불만족을 나타낸 것은 수입에 대한 불만족이었으며, 전반적인 삶의 질에 영향을 미치는 요인은 탈북자들의 성별, 연령별, 결혼유무 등에 따라 다른 것으로 해석된다.

(4) 소외감과 탈북자들의 삶의 질 관계

① 소외영역과 삶의 질의 관계

탈북자들의 소외감이 그들의 삶의 질에 미치는 영향을 살펴보기 위해 소외감의 다섯 가지 소외영역(일로 부터의 소외, 자신으로부

터의 소외, 사회제도로부터의 소외, 인간관계로부터의 소외, 가정으로부터의 소외)과 삶의 질과의 관련성에 대해 살펴보았다. 소외감의 다섯 가지 소외영역 중 탈북자들의 삶의 질과 유의미한 상관을 나타낸 것은 자신으로부터의 소외($r=-0.233$, $p<.05$)와 가정으로부터의 소외($r=-0.489$, $p<.001$)였다. 이는 탈북자들이 자신에 대해 스스로 불확실성을 갖고 있는 경우와 가정이 안정과 따뜻함을 제공하지 않는다고 생각하는 것이 탈북자들의 삶의 질과 높은 관련성이 있다는 것을 의미한다. 탈북자들의 삶의 질을 가장 잘 설명해 주는 소외감의 유형이 무엇인가를 살펴보기 위해 다섯 가지 소외영역을 독립변인으로 하고 삶의 질을 종속변인으로 하여 단계적 중다회귀분석을 실시하였다.

　분석 결과 탈북자들의 삶의 질을 가장 잘 설명해 주는 변인은 가정으로부터의 소외였으며($F=29.780$, $p<.001$) 설명변량은 25.7%였다. 다음으로는 인간관계로부터의 소외였으며($F=17.457$, $p<.001$) 전체 설명변량은 29.1%였다. 탈북자들이 가정에서 안정과 따뜻함을 받지 못하고 안락한 가정을 갖지 못하고 있는 것이 삶의 질에 가장 영향을 미치는 것으로 나타났다.

표 15. 소외영역과 삶의 질의 회귀분석 결과

변인	Beta	t	R^2	adjR^2	F
가정	-0.599	-5.87	0.257	0.249	29.780***
인간관계	0.206	2.02	0.291	0.274	17.457***

*** $p<.001$

② 소외유형과 삶의 질 관계

소외감은 그 소외의 원천을 중심으로 소외영역별로 구분할 수도
있지만 소외유형별로 구분할 수도 있다. 소외감을 무력감과 의욕상
실, 허무주의, 극단적 모험성 등 소외유형별로 구분한 다음 탈북자들
의 삶의 질과의 관련성에 대해 살펴보았다. 그 결과 탈북자들의 삶의
질과 가장 관련이 높은 소외유형은 허무주의(r=−0.335, p<.001)
와 의욕상실(r=−0.213, p<.05)이었다. 허무주의는 어떤 일이나
행위에 의미나 뜻을 갖지 못하는 것을 의미하는데 자신이 하고 싶고
할만한 일을 갖고 있는 못한 것이 탈북자들의 삶의 질과 가장 관련이
높았다. 다음으로는 의욕상실이었는데 패기와 진취적인 경향을 갖고
있지 못한 것이 삶의 질과 관련이 높다는 것을 의미한다.

탈북자들의 소외감을 소외유형별로 구분하여 네 가지 소외유형이
탈북자들의 삶의 질에 미치는 영향을 살펴보고자 하였다. 네 가지
소외 유형을 독립변인으로 탈북자들의 삶의 질을 종속변인으로 하
여 단계적 중다회귀분석을 실시하였다. 분석 결과 탈북자들의 삶의
질을 가장 잘 설명해 주는 소외유형은 허무주의인 것으로 나타났으
며(F=11.06, p<.001) 설명변량은 11.4%였다. 이는 탈북자들이
자신이 하고 싶고 원하는 일을 하고 있지 못한 것이 삶의 질에 가
장 큰 영향을 미치고 있는 것으로 해석할 수 있다.

표 16. 소외유형과 삶의 질의 회귀분석 결과

변인	Beta	t	R^2	$adjR^2$	F
허무주의	−0.338	−3.326	0.114	0.104	11.062***

*** p<.001

탈북자들의 소외감을 전체적으로 합산하여 소외감의 수준을 세 가지로 구분해 보았다. 소외감을 가장 크게 느끼는 탈북자들의 30%를 상위집단으로, 소외감을 가장 적게 느끼는 30%를 하위집단으로 구분하고 소외감의 수준이 중간인 40%를 중위집단으로 구분한 다음, 집단 간 삶의 질의 차이를 비교해 보았다. 그 결과 소외감을 가장 크게 느끼고 있는 상위집단의 삶의 질이 가장 낮았으며(28.81), 다음은 중위집단(30.27), 하위집단(34.15)의 순이었다. 소외감을 적게 느끼고 있는 집단일수록 삶의 질이 높게 나타났으며, 이는 유의미한 차이를 나타내었다($F_{(2,84)} = 3.796$, $p < .05$).

Ⅵ. 논 의

1. 결과에 대한 논의

본 연구의 목적은 탈북자들의 가치관, 라이프스타일, 귀인양식, 고정관념을 중심으로 그들의 심리적 특성을 알아보고, 이러한 심리적 특성들이 탈북자들의 소외감 및 삶의 질에 미치는 영향을 살펴보고자 하였다. 특히 탈북자들의 다양한 심리적 특성을 인구통계학적인 변인에 따라 구분하여 분석하고 그 특성을 남한주민과 비교해 살펴보고자 하였다. 탈북자들의 남한 사회에 대한 심리적 부적응의 문제를 소외감과 삶의 질을 기준으로 살펴보고, 그들이 남한 사회에서 잘 적응하기 위해서 무엇이 고려되어야 하는가에 대해 알아보고자 하였다.

(1) 탈북자들의 심리적 특성

① 탈북자들의 가치관

먼저 탈북자들의 라이프스타일과 가치관에 대해 살펴보았다. 남한사회와 북한사회는 사회 문화적 배경이 다르고, 서로 다른 환경에서 성장한 남한주민들과 탈북자들 간에 라이프스타일이나 가치관에 어떠한 차이가 있는지를 비교, 분석해 보고자 하였다. 본 연구에서 사용된 가치관 척도는 전체 7개의 차원(개인주의 – 집단주의, 탈권위주의, 자기주장성, 불확실성 회피, 미래지향성, 남녀평등의식, 풍요로운 생활)으로 구분하여 측정하였다. 이 중 개인주의-집단주의와 관련해서는 남한주민들은 떠받들어야 할 것으로 국가 대신에 대부분이 자신과 가족을 든 반면 탈북자들은 반반이었다. 효도와 관련해서도 분명한 차이가 나타났는데 탈북자들은 부모를 봉양하는 것이 효도라고 보는 반면, 남한주민들은 자신이 출세하는 것도 효도라고 보는 사람이 탈북자들보다 더 많았다. 탈권위주의와 관련해서는 남한주민과 탈북자들 간에 차이가 나타나지 않았다. 두 집단의 사람들이 모두 고분고분한 사람보다는 자기 할 일을 잘 해내는 사람을 쓰겠다든지 위사람이 틀렸을 때 그것을 지적해야 된다고 생각하는 사람들의 비율이 높았다. 자기주장성 요인에서는 두 집단 간에 차이가 나타났는데, 탈북자들은 함께 행복하기 위해 불만을 참고 인내하며 낙오자의 도태는 자연적 귀결이라고 보는 사람이 많았던 반면, 남한주민들은 불만을 참기보다 시정을 요구해야 한다고 응답한 사람들의 비율이 압도적으로 많았다. 이는 남한과 북한사회의 특성을 그대로 반영한 것으로 보이는데 남한사회는 개인의 자유와 자기주장을 장려하는 반면, 북한사회는 집단전체의 규율과 질서에 복종하는 것을 강조하기 때문인 것으로 해석된다. 불확실성 회피 요인에서는 탈북자들이 남한주민에 비해 외국인을 친절하게 대해야 한다고 응답한 사람이 많았다. 남한주민들은 외국인을 대할 때 똑같이 친절하거나 덜 친절해야 한다고 응답한 사람이 많았으나 탈북자들은 외국인에게 더 친절해야 한다고 응답한 사람의 비율이 높았다. 또한 처음 대하는 사람의 경우 남한주민들보다 탈북자들이 경계해야 한다고 응답한 비율이 높았다. 탈북자들이 외국사람에 대해서는 아직 동경의 시선을 갖고 있고 처음 대하는 사람들에게는 경계의 심리를 갖고 있음을 나타낸 것이다. 미래지향성 항목에서는 남한주민들은 미래와 과거 중 어느 것을 버릴 것인가에 대해 대부분의 사람들이 과거를 버리고 미래를 선택한 반면, 탈북자들 중에는 미래를 버리겠다고 응답한 사람도 다수 있었다. 두 집단 모두 현재를 즐기는 것보다 미래를 대비해야 한다고 생각하는 사람이 많았다. 특히 탈북자들 중 남자들은 과거와 미래 중 미래를 버리겠다고 응답한 사람이 더 많았다. 남녀평등의식과 관련해서는 남한주민과 탈북자들 사이에 분명한 차이가 나타났는데 처녀의 정조와 관련해서 남한주민들은 지키지 않아도 된다고 응답한 사람이 많았으나 탈북자들 중에는 반드시 지켜야 한다고 응답한 사람이 더 많았다. 결혼한 여자에게 시집에 충성하는 것과 시집과 친정을 동일하게 대하는 것 중 선택하게 하였을 때 남한주민들은 대부분은 시집과 친정이 똑같이 중요하다고 응답한 사람이 많았던 반면, 탈북자들 중에는 시집에 충성해야 한다는 사람과 시집과 친정을 동일하게 대해야 한다는 사람의 비율이 비슷하게 나왔다. 이러한 결과는 탈북자들이 남녀평등 의식과 관련해서는 남한주민들에 비해 전통적인 가치관을 더 고수하고 있다는 것을 의미한다. 풍요로운 생활과 관련해서 남한주민들은 인생을 잘 사는 것으로 다수가 인생을 풍부하게 사는 것이라고 응답한 반면, 탈북자들은 인생을 깨끗하고 옳게 사는 것이 잘사는 것이라고 응답한 사람이 더 많았다. 두 집단 모두 돈은 꼭 있어야 하고 없어서는 안 될 것이라고 응답한 사람이 많았다.

탈북자들의 가치관을 남녀별로 비교해본 결과 남녀 간에 차이가 나타난 요인은 남녀평등 의식과 풍요로운 생활, 탈물질주의인 것으로 나타났다. 탈북자들 중에는 여자들이 남자들보다 더 개방적인 남녀평등 의식을 갖고 있었으며 풍요로운 생활을 중요시하며 탈물질주의적인 성향을 더 많이 갖고 있었다. 가치관에 있어서 탈북자들과 남한주민들 간에 가장 차이가 나타난 것은 개인주의와 남녀평등 의식, 풍요로운 생활 등이었다. 남한주민들은 자신이나 가족을 중요시하는 반면 탈북자들은 국가를 우선시하는 경향이 높았다. 인생을 사는 방식에 있어서 남한주민들은 풍부하게 사는 것이 중요하다고 보는 반면, 탈북자들은 깨끗하게 옳게 사는 것이 더 중요하다고 생각하였다. 남녀평등의식과 관련해서는 탈북자들은 남한주민에 비해 더 전통적인 남녀평등의식을 갖고 있는 것으로 나타났다.

탈북자들의 가치관에 관한 결과를 요약해 보면 탈북자들 중 남녀별로 차이가 나는 가치관은 미래지향성과 남녀평등의식, 풍요로운 생활 등이었다. 특히 탈북자들 중 남자들은 여자들에 비해 충효사상이 더 높았고 여자들은 자기 자신이나 가족을 우선시하는 경향성이 더 높았다. 또한 남녀평등의식에서도 남자들은 전통적인 가치관을 갖고 있는 반면, 여성들은 더 개방적인 가치관을 갖고 있었고 풍요로운 생활과 관련해서 남자들에 비해 여자들이 더 물질주의적인 가치관을 갖고 있는 것으로 나타났다. 탈북자들의 가치관을 남한주민의 가치관과 비교한 결과에서는 개인주의, 집단주의, 자기주장성, 남녀평등의식, 풍요로운 생활 등에서 탈북자들과 남한주민들 간에 유의미한 결과가 나타났다. 이는 탈북자들과 남한주민들 간에 차이가 나타나는 가치관이 다수 존재하고 있다는 것을 의미한다.

② 탈북자의 라이프스타일

탈북자들과 남한주민들은 서로 다른 문화와 사회체제에서 살아왔기 때문에 그들의 라이프스타일 또한 상당히 차이가 있을 것이라고 판단하고 탈북자들의 라이프스타일이 남한주민들과는 어떠한 차이가 나는지를 살펴보고자 하였다. 본 연구에서 라이프스타일은 8개 요인(전통적 가족주의, 전통적 집단주의, 개인주의, 문화적 개방성, 물질주의, 사회의식, 능력과 역할주의, 전통위계의식)으로 구분하여 측정하였는데 먼저 탈북자들을 성별로 구분하여 라이프스타일의 차이를 살펴본 결과 남자들이 여자들보다 더 전통적인 가족적 라이프스타일을 갖고 있었으며, 문화적인 개방성의 정도가 높았고, 사회의식도 높았으며, 능력과 역할주의 가치관이 더 높은 것으로 나타났다. 여자들은 남자들에 비해 개성이나 자유와 같은 개인주의적 가치를 더 추구하는 경향이 있는 것으로 밝혀졌다. 탈북자들은 남녀 간에 전체 8개 요인 중 다섯 개의 요인에서 유의미한 차이가 나타났다. 라이프스타일은 세대가 다를 때 주로 차이를 보이는 것인데 남녀 간에도 분명한 차이가 나타난 것은 그만큼 북한사회가 남녀 간의 분화와 구분이 존재하였다는 것을 의미한다. 남한주민과 탈북자들 간의 비교 결과를 살펴보면 전통적 가족주의의 경우 탈북자들이 남한주민들에 비해 더 전통적 가족주의를 지향하고 있는 것으로 나타났다. 전통적 가족주의는 남아선호사상이나 전통적 결혼관, 가족이나 자식을 위해 자신이 희생할 수 있다는 가치를 의미한다. 이 요인에서 탈북자들이 높은 점수를 보인 것은 북한사회가 우리사회에 비해 덜 개방적이며 기존의 전통적 가치가 그대로 내려오고 있다는 것을 의미한다. 전통적 집단주의 요인에서도 탈북자들이 남한주민들에 비해 점수가 더 높았다. 전통적 집단주의는 자식은 부모의 뜻을 따라야 한다거나 연장자에게 무조건 순종해야한다 등 전통적 가치관과 관련된 것이다. 따라서 탈북자들은 가부장적 권위를 존중하고 가정 내의 고정관념적 성역할에 충실하며 가족을 위한 희생을 당연시하는 사회규범을 남한주민들보다 더 강하게 갖고 있으며 어떤 조직이던지 집단구성원으로서 생각하고 행동하는 것에 더 가치를 두고 있었다. 탈북자들은 사회의식과 전통위계의식에서도 남한주민들에 비해 더 높은 점수를 보였다. 이는 탈북자들이 남한주민에 비해 정치나 사회문제 등에 더 관심을 갖고 있으며 어른을 존중하는 태도를 갖고 있다는 것을 의미한다. 반면 남한주민들은 탈북자들에 비해 문화적 개방성이 높았으며 능력과 역할주의에서도 높은 점수를 보였다. 이는 남한주민들이 외국문화에 대해 더 수용적이고 개방된 태도를 갖고 있다는 것을 의미하며, 개인의 능력에 따라 사회역할과 대우가 달라야 한다고 생각하고 있다는 것을 의미한다. 전체적으로 탈북자들의 라이프스타일은 남한의 해방전후 복구세대가 갖고 있는 라이프스타일과 유사하였으며 전통 보수적 이미지를 고수하고 있는 것으로 해석된다. 남한주민들은 문화적 개방성이 높을 뿐 아니라 무슨 일이던지 개인의 능력발휘가 우선시되고 자신의 능력에 따라 그에 합당한 대우를 받는 것이 당연하다는 가치를 갖고 있었다. 탈북자들 중 세대별로 라이프스타일의 차이를 살펴본 결과에서는 젊은 세대와 기상세대 간에 유의미한 차이가 나타난 것이 있었는데 그것은 문화적 개방성과 사회의식, 전통위계의식 등이었다. 탈북자들 중에는 젊은 세대들이 기성세대에 비해 문화적 개방성이 높았고 사회의식 및 전통위계의식이 더 강한 것으로 나타났다. 젊은 세대들이 문화적 개방성과 사회의식 수준이 기성세대보다 강한 것은 이해되지만 전통위계의식이 젊은 세대가 더 강하게 갖고 있다는 것은 특이한 결과로 볼 수 있다.

③ 탈북자들의 귀인양식

탈북자들과 남한주민들의 귀인양식을 살펴보기 위해 응답자들에게 다양한 상황을 제시해 주고, 각 상황에서 성공이나 실패를 하였을 때 어떻게 생각하는 지를 비교해 보았다. 탈북자들은 실패 혹은 좌절상황에서 자신에게 원인을 돌리는 내적귀인을 많이 하였으며 그 같은 상황이 절대로 다시 일어나지는 않을 것이라고 생각하는 경우가 많았고, 지금의 실패 혹은 좌절이 이 상황에만 영향을 미친다고 생각하는 경향이 있었다. 탈북자들은 실패에 대해 자신을 탓하기는 하지만 이 상황에서만 그렇지 다른 상황에서는 달라질 것이라고 생각하면서 실패 상황을 벗어나는 반면, 남한사람들은 실패 상황이 다시 일어날 수 있다고 생각하지만 그 원인을 외적으로 귀인하면서 자신을 보호하려는 경향이 나타났다.

④ 탈북자들에 대한 고정관념

남한주민들이 탈북자들에 대해 갖고 있는 고정관념의 내용을 살펴보기 위해 성격특성을 나타내는 형용사들을 제시해 주고 탈북자들이

해당 특성을 어느 정도 갖고 있다고 생각하는지를 측정해 보았다. 남한주민들은 탈북자들에 대해 '생활력이 강하다', '예측할 수 없다', '악착같다', '무뚝뚝하다', '부지런하다' 등의 특성에 대해 높은 추정치를 나타내었다. 이러한 내용을 구체적으로 살펴보면 탈북자들에 대한 우호적인 지각도 있는 반면, '예측할 수 없다', '날카롭다', '냉정하다' 등 부정적인 특성도 나왔다. 39개의 특질형용사에 대한 백분율 추정치에 기초하여 요인분석을 해본 결과 탈북자들에 대해 세 가지 요인이 추출되었다. 하나의 차원은 탈북자들이 '겸손하다', '순수하다', '도덕적이다' 등 탈북자들이 예의바르고 순수하다는 것이었고, 다른 하나는 탈북자들이 '경쟁적이다', '부지런하다', '열의가 있다' 등 적극적이고 부지런하다는 것이었다. 반면 다른 하나는 탈북자들이 '까다롭다', '반항적이다', '비판적이다' 등 다소 부정적인 고정관념이 포함되어 있었다. 탈북자들이 탈북자들을 추정한 자료에서는 두 개의 긍정적인 차원만 나타났으나 남한주민들이 추정한 자료에서는 부정적인 차원이 추출되었다. 이는 남한주민들이 탈북자들을 접촉할 기회가 거의 없었고 잘 모르기 때문에 그들에 대해 경계심리를 갖고 있는 것으로 해석할 수 있다. 또한 남한주민들은 탈북자들보다 탈북자들이 더 경쟁적이고 부지런한 것으로 추정하였는데 이는 탈북하는 것이 쉬운 일이 아니며 탈북한 사람들은 악착같은 기질이 있는 것으로 추정한 것에 기인한 것으로 볼 수도 있다.

　탈북자들에 대한 지각 및 고정관념을 살펴보기 위해 본 연구에서는 그들에 대한 태도를 살펴보고자 하였다. 태도척도는 사람들이 탈북자들을 일반사람들과 똑같이 대우하여야 한다고 생각하는지 아니면 특별히 대해 주어야 한다고 생각하는지를 나타내는 것이었으며, 그들이 우리와 차별되는 다른 사람들이라고 생각하는지 우리와 똑같은 사람들이라고 생각하는지를 나타내는 것이었다. 결과를 살펴보면 남한주민들은 탈북자들에 대해 그들이 우리와 크게 다르지 않다고 지각하고 있는 것으로 나타났다. 이러한 결과는 성별에 따른 차이도 나타나지 않았고 연령별 차이도 나타나지 않았다. 다만 사회적 거리감과 탈북자들에 대한 태도 간의 관련성을 살펴본 결과에서 탈북자들에 대해 사회적 거리감을 멀게 지각한 사람들은 탈북자들이 특별한 존재이고 그들이 우리와 다른 면이 있는 것으로 생각하는 경향이 있었다.

특정집단에 대한 고정관념을 살펴본 연구에서 사람들이 특정집단에 대해 부정적인 고정관념을 갖고 있는 것은 그 집단을 잘 모르거나 자주 접할 기회가 없었기 때문이라는 것이다. 따라서 본 연구에서는 응답자들이 북한에 대해 얼마나 알고 있는지를 살펴보았다. 북한에 대한 지식은 북한의 국화가 무엇인지, 북한의 명절이 어느 날인지 등 북한사람들이라면 대부분의 사람들이 알고 있는 것을 질문하여 측정하였다. 그 결과 탈북자들에 대해 사회적 거리감을 멀게 지각한 사람들은 북한에 대해 알고 있는 지식수준도 낮은 것으로 나타났다. 남한주민들 대부분이 북한에 대해 알고 있는 상식의 수준이 낮았는데 특히 탈북자들에 대해 사회적 거리감을 멀게 느끼는 응답자들의 지식수준이 더 낮았다. 이는 특정집단에 대해 많이 알수록 그 집단에 대해 우호적 지각을 한다는 기존의 연구를 입증해 주는 것이다(Higgins, 1987). 탈북자들에 대한 고정관념이 실제 행동에 대한 해석 및 추론에 미치는 영향을 살펴보기 위해 응답자들에게 일련의 시나리오를 제시해주고 시나리오에 제시된 것에 대해 판단을 해보도록 하였다. 시나리오는 한 탈북한 남자가 도둑질을 하였는데 그가 어느 정도의 형량을 선고받아야 하는지를 추정하게 하는 것이었다. 그 결과 탈북자들에 대해 사회적 거리감을 멀게 지각한 사람들은 탈북자들을 가깝게 지각한 사람들보다 더 중형의 판단을 하였다. 또한 탈북자들이 우리 사회에 정착하는 경우 그들에 대해 어느 정도의 정착비를 제공해주는 것이 바람직한가라는 질문에 대해 탈북자들에 대해 사회적 거리감을 가깝게 지각한 사람들이 거리감을 멀게 지각한 사람들보다 탈북자들에게 더 후한 정착비를 제공해주어야 한다고 생각하였다. 이러한 결과는 탈북자들이 우리 사회에 더 잘 적응하고 남한 사람들이 탈북자들에 대해 우호적인 지각을 하도록 하기 위해서는 남한사람들로 하여금 북한사회와 탈북자들에 대해 더 많이 알게 하는 것이 중요하다는 것을 의미한다.

(2) 탈북자들의 소외감에 영향을 미치는 요인

① 탈북자들의 소외감

개인의 일에 대한 만족도나 가정화목도, 전반적 생활만족도 및 행복감 등은 개인이 다양한 상황에서 지각하는 소외의 정도와 밀접한 관련이 있다. 소외감은 현대문명 및 사회구조가 체계화됨으로써 나타나는 개인의 통제불능감, 일에서 보람을 찾을 수 없는 허무주의 등 이기적이고 경쟁적인 사회관계 속에서 개인이 심리적으로 고립되는 것을 의미한다. 본 연구에서는 탈북자들이 남한사회에서 지각하고 있는 소외감의 정도를 살펴봄으로써 탈북자들의 남한 생활에 대한 적응 및 만족도를 알아보고자 하였다. 개인의 소외감은 30개의 문항으로 측정하였는데 이들 문항들은 다섯 가지의 소외영역(일로부터의 소외, 자신으로부터의 소외, 사회제도로부터의 소외, 인간관계로부터의 소외, 가정으로부터의 소외)을 구분하여 측정하는 것이었다. 소외영역별로 탈북자들이 가장 소외를 느끼는 영역은 일로부터의 소외가 가장 높았고, 그 다음으로 사회제도, 인간관계로부터의 소외 순이었다. 이는 이번 조사대상자로 선정된 탈북자들이 대부분 아직 뚜렷한 직업을 갖고 있지 못하고 있고 남한 사회에 정착한지 얼마 되지 않은 사람들이었기 때문에 일상적인 작업이 너무 지루해서 일할 가치가 없다고 응답하거나 자신의 직무를 좋아하지도 않고 자신의 일을 즐기지도 않는다고 응답하는 경우가 많았기

때문이다. 일로부터의 소외 다음으로 소외감을 크게 지각하고 있는
영역은 사회제도로부터의 소외와 인간관계로부터의 소외였다. 탈북
자들은 정치가들이 우리의 삶을 통제한다거나 모든 사람들이 자신
의 목적을 위해 자신을 이용하려 하고 있다고 지각하는 경우가 많
았다. 이는 남한주민들의 응답과 비교하였을 때 유의미한 차이를
나타내었으며 탈북자들이 남한주민들에 비해 사회제도로부터의 소
외감을 더 크게 지각하고 있다는 것을 의미한다.

소외감은 그 소외의 원천이 무엇인가에 따라 소외영역별로 구분
할 수도 있지만 개인이 느끼는 소외감의 유형별로 구분해 볼 수도
있다. 소외영역은 개인이 지각하고 있는 소외의 영역을 알려주기는
하지만 사람들이 실제로 경험하는 소외의 본질에 대해서는 알려주
지 않는다. 본 연구에서는 소외의 유형을 무력감, 의욕상실, 허무
주의, 극단적 모험성 등 네 가지로 구분하고 이들 소외유형별 탈북
자들이 느끼는 소외의 정도를 살펴보고자 하였다. 결과를 보면 탈
북자들이 가장 크게 느끼는 소외의 유형은 무력감이었으며, 다음으
로는 극단적 모험성과 허무주의, 의욕상실 등의 순이었다. 무력감
은 한 개인이 사회적 혹은 개인적 사건에 대해 어떤 영향력도 행사
할 수 없다고 느낀 것에서 오는 절망감이다. 탈북자들이 무력감을
가장 크게 느끼는 것은 아직도 남한사회에 제대로 정착하지 못하고
정부로부터 통제받는 입장이기 때문으로 해석된다.

탈북자들의 소외감에 영향을 미치는 요인이 무엇인가를 살펴보기
위해 소외유형별 소외감의 점수를 모두 더한 것을 종속변인으로 하
고 탈북자들의 라이프스타일(8개 요인), 가치관(7개 요인), 귀인양
식(3개 요인) 등을 독립변인으로 하여 단계적 중다회귀분석을 실시
하였다. 먼저 가치관이 소외감에 미치는 영향을 살펴본 결과에서는
가치관의 하위유형 중 풍요로운 생활이 소외감을 가잘 잘 설명해
주는 것으로 나타났다. 이는 인생에 있어서 돈은 꼭 있어야 하는
것이며 풍요롭게 사는 것이 더 중요하다는 가치관이 소외감에 가장

영향을 미친 것으로 해석할 수 있다. 탈북자들이 남한 사회에 적응하면서 소외감을 느끼는 가장 큰 요인은 그들의 경제적 자립 및 풍요로운 경제 환경과 밀접한 관련이 있다는 것을 의미한다. 다음으로 탈북자들의 라이프스타일이 소외감에 미치는 영향을 살펴본 결과에서는 문화적 개방성이 소외감을 가잘 잘 설명해 주는 변인으로 나타났다. 이는 탈북자들이 남한 사회에 적응하면서 남한사회의 문화에 대해 개방적이고 수용하는 정도가 낮은 것이 소외감을 느끼는 데 가장 큰 영향을 미치고 있는 것으로 해석할 수 있다. 탈북자들의 귀인양식과 소외감 간의 관계에 대해 살펴본 결과에서는 귀인양식 중 내외귀인 양식이 소외감을 가장 잘 설명해주는 요인인 것으로 나타났다. 탈북자들이 남한주민들에 비해 내적귀인을 하는 경향이 높았는데 탈북자들이 실패 혹은 좌절 상황에서 다른 사람이나 주변 환경에 원인을 돌리지 않고 자기 자신에게 원인을 돌리는 귀인양식이 소외감을 더 느끼게 만드는 것으로 해석할 수 있다.

탈북자들의 가치관, 라이프스타일, 귀인양식의 하위유형들 중 소외감과의 단계적 중다회귀분석에서 유의미한 결과가 나타난 것, 즉 풍요로운 생활, 문화적 개방성, 내외귀인 양식 중 소외감에 가장 큰 영향을 미치는 것이 무엇인가를 살펴보기 위해 세 가지 하위유형을 독립변인으로 하고 소외감을 종속변인으로 하여 단계적 중다회귀분석을 실시하였다. 그 결과 탈북자들의 소외감을 가장 잘 설명해 주는 요인은 내외귀인 양식이었으며 다음으로는 문화적 개방성이었다. 이는 탈북자들이 느끼는 소외감은 그들의 가치관이나 라이프스타일보다는 자신이 경험한 실패 혹은 좌절을 자신의 잘못으로 귀인 하는 사고양식 때문이라는 것을 의미한다. 또한 탈북자들이 남한 사회에 적응하면서 전혀 다른 문화를 접하면서 오는 어려움이 소외감에 영향을 미치는 것으로 해석된다. 이러한 결과에 기초해 볼 때 탈북자들이 남한사회에 잘 적응하면서 소외감을 느끼지 않도록 하기 위해서 사고양식을 변화시키고 문화적 충격을 최소화하는 것이 필요하다는 것을 의미한다.

(3) 탈북자들의 삶의 질

① 탈북자들의 주관적 삶의 질

행복한 삶을 사는데 중요한 것으로 남한주민들은 삶에서 보람을 느끼는 것을 첫 번째로 든 반면, 탈북자들은 행복한 가정생활이 가장 중요하다고 생각하였다. 특히 남한주민들은 행복한 삶을 살기 위해 경제적으로 여유 있게 사는 것을 중요시한 반면, 탈북자들은 삶에서 보람을 느끼는 것을 더 중요시하는 것으로 나타났다. 또한 탈북자들의 주관적인 삶의 질을 살펴보고자 하였다. 먼저 탈북자들이 지난 몇 달 동안 자신의 삶에 대해서 어떻게 느꼈는지를 알아보기 위해 8개의 형용사 쌍을 제시해 주고 자신의 감정과 유사한 것을 선택하도록 하였다. 그 결과 탈북자들은 남한주민들에 비해 자신들의 주관적인 삶의 질이 떨어진다고 응답한 사람들이 많았다. 특히 지난 몇 달 동안 자신의 삶이 지루하다거나 운이 없었다고 지각하는 경향성이 남한주민들에 비해 더 높았다. 자신의 삶에 대한 만족도도 남한주민들에 비해 낮았는데 이는 이번 조사대상들이 아직도 남한사회에 제대로 적응하지 못한 탈북자들이고 자신들의 일을 갖지 못하고 있기 때문인 것으로 해석된다. 이미 탈북한지 오래되어 남한 사회에 정착한 사람들은 이와 다른 결과를 나타낼 수도 있을 것이다.

탈북자들의 주관적인 삶의 질에 영향을 미치는 요인이 무엇인가를 살펴보기 위해 생활의 여러 가지 측면에 대해 조사해 보았다. 대부분의 탈북자들이 현재의 수입에 대해 불만족하고 있다고 응답하였으며 그 이유로는 응답자의 절반 이상이 현재 수입이 생활비에도 미치지 못하기 때문이라고 응답하였고, 그 다음으로는 남한 사

VI. 논 의 119

람들과 비교하여 상대적으로 적은 수입을 얻는 것에 대해 불만족하고 있는 것으로 나타났다. 탈북자들을 대상으로 그들의 부부관계와 부모-자녀관계, 친구관계 등에 있어서 만족하고 있는지에 대해 살펴보았는데 대부분의 탈북자들이 이들 관계에서는 만족하고 있는 것으로 나타났다.

② 탈북자들의 주관적 삶과 소외감의 관계

탈북자들의 소외감이 그들의 삶의 질에 미치는 영향을 살펴보기 위해 소외감의 다섯 가지 소외영역(일로 부터의 소외, 자신으로부터의 소외, 사회제도로부터의 소외, 인간관계로부터의 소외, 가정으로부터의 소외)과 삶의 질의 관련성에 대해 살펴보았다. 그 결과 자신으로부터의 소외와 가정으로부터의 소외가 탈북자들의 삶의 질과 관련이 높은 것으로 나타났다. 이는 탈북자들이 자신에 대해 불확실성을 갖고 있고 가정으로부터 안정과 따뜻함을 제공받지 못하는 것이 그들의 삶의 질에 가장 큰 영향을 미치고 있는 것으로 해석할 수 있다. 탈북자들의 삶의 질을 가장 잘 설명해 주는 소외감의 유형이 무엇인가를 살펴보기 위해 다섯 가지 소외영역을 독립변인으로 하고 삶의 질을 종속변인으로 하여 단계적 중다회귀분석을 실시한 결과 탈북자들의 삶의 질을 가장 잘 설명해 주는 요인은 가정으로부터의 소외였고, 다음으로는 인간관계로부터의 소외였다. 이러한 결과는 탈북자들의 삶의 질을 향상시키기 위해서 가장 중요한 것은 안정된 가정을 갖게 하고 가정으로부터 심리적 위안을 얻는 것이라고 볼 수 있다.

소외감은 그 소외의 원천을 중심으로 소외영역별로 구분할 수도 있지만 소외유형별로 구분할 수도 있다. 소외감을 무력감과 의욕상실, 허무주의, 극단적 모험성 등 소외유형별로 구분한 다음 탈북자들의 삶의 질과의 관련성에 대해 살펴보았다. 그 결과 탈북자들의

삶의 질과 가장 관련이 높은 소외유형은 허무주의와 의욕상실이었
다. 이는 탈북자들이 스스로 하고 싶은 일이나 할만한 일을 아직
갖고 있지 못하고, 패기와 진취적인 성향을 갖지 못하고 있는 것이
삶의 질에 가장 큰 영향을 미치고 있는 것으로 해석할 수 있다. 네
가지 소외유형을 독립변인으로 하고 삶의 질을 종속변인으로 하여
탈북자들의 삶의 질을 가장 잘 설명해주는 요인이 무엇인가를 살펴
본 결과에서도 탈북자들의 허무주의가 가장 큰 영향을 미치는 요인
으로 나타났다. 이는 탈북자들의 삶의 질을 향상시키기 위해서는
무엇보다도 탈북자들에게 그들이 하고 싶고 할만한 일을 제공해 주
는 것이라는 것을 의미한다.

2. 연구의 의의 및 시사점

본 연구의 의의와 시사점은 다음과 같다. 첫째, 본 연구에서는
탈북자들의 의식구조나 가치체계를 중심으로 그들의 심리적 특성을
밝히고 남한사람과의 비교를 통해 차이가 나는 것은 무엇인지 경험
적 연구를 통해 제시했다. 기존 연구들이 남한사람들을 대상으로
북한사람들에 대한 고정관념이나 사회적 거리감 등을 단편적으로
측정하여 제시하거나, 탈북자들의 가치관의 특성만을 제시함으로써
구체적으로 남북한 사람들의 심리적 특성에 대해 종합적으로 이해
하기 어려웠으며 남한사람과의 차이는 무엇인지, 그리고 그러한 차
이가 탈북자들의 부적응에 어떠한 영향을 미치는지 제시하지 못했
다. 본 연구는 북한사람들의 심리적 특성을 복합적으로 이해하기
위해 그들의 의식구조나 가치체계 등에 대해 개인적 특성 외에도
맥락적 상황에 의해 형성된 가치체계를 포함하여 살펴봄으로써 보
다 입체적으로 이해할 수 있도록 체계화시켰다. 즉, 그들의 가치관

과 라이프스타일을 측정하여 살펴봄으로써 남북분단 이후 변화된 문화적 이질성이 구체적으로 남북한의 가치체계 차이에 어떠한 영향을 미쳤는지 자료에 근거하여 제시하였다. 특히 남한사람들과 탈북자를 대상으로 동일하게 측정하여 비교함으로써 두 집단의 차이를 보다 깊게 이해할 수 있었다. 남한주민과 탈북자들 간의 공통점뿐만 아니라 차이점도 있었다. 차이점은 주로 개인주의-집단주의, 남녀평등의식 등에서, 라이프스타일은 전통적 가족주의, 전통적 집단주의, 문화적 개방성, 전통위계의식 등에서 탈북자들이 남한사람들에 비해 더 전통 지향적이고 문화적 개방성에 부정적 반응을 보이는 등 북한사회의 폐쇄성이 그들의 가치관이나 라이프스타일에 영향을 미쳤음을 보여주었다. 또한 귀인양식에서도 내외, 일관성, 특수상황 귀인 측면에서 남한사람들과 유의한 차이를 보였는데, 이러한 차이는 북한의 억압적 사회구조가 그들의 사고방식과 행동양식, 결과에 대한 태도, 현실에 대한 인식 등에 특별히 영향을 미치고 있는 것이 확인됐다. 이 결과는 남한주민들과 탈북자들의 심리적 특성이나 문제를 인식하고 해결하는 방식이 상당히 다르다는 것을 의미한다. 특히 이러한 심리적 특성과 의식구조의 차이가 소외감이나 삶의 질에 미치는 영향이 유의하게 나타나고 있음을 확인하였다. 말하자면, 남한사람들과 탈북자들의 심리적 특성이나 의식구조 차이가 탈북자들의 남한사회 적응에 많은 영향을 미칠 수 있음이 확인되었다. 따라서 탈북자들에 대한 정책이나 정착프로그램을 효과적으로 수행하기 위해서는 탈북자들의 독특한 특성을 충분히 고려해야하며, 남한사람들이 바라본 탈북자 대책이 아닌 그들의 입장을 이해하고 준비된 대책이 필요함을 시사하고 있다.

둘째, 본 연구는 탈북자들의 남한사회 적응교육에 대해 많은 시사점을 주고 있다. 지금까지 탈북자들에 대한 적응교육은 경제적 지원, 남한사회의 생활습관 견학이나 습득기회 제공, 기술교육 등, 주로 먹고 사는 문제에 국한하여 일방적 교육에 중점을 두고 진행되어 왔다. 그러나 탈북자들의 남한사회 부적응은 단순한 경제적 문제뿐만 아니라 심리적 부적응이 매우 큰 영향을 미치는 것이 확인됐다. 그들은 남한사회에 살면서 단순한 의식주나 생활풍습의 차이보다는 사고방식이나 가치관의 차이가 적응에 장애가 되고 있었다. 특히 문화적 변화에 대한 적응은 보다 빨리 이뤄지지만 인간관계에서 느끼는 소외감은 오랜 시간 영향을 미친다. 본 연구에서 밝혀진 것처럼, 남한사람들과 탈북자들과의 차이점을 사전에 알려주는 것은 그들의 남한사회 적응에 매우 유익한 결과를 가져다 줄 것이다. 즉, 탈북자들이 남한사회에 편입되기 전, 적응교육기관에서 남북한 사람들의 차이점에 대해 충분한 이해와 교육을 시킬 수 있도록 제도적인 반영이 필요하다. 기존 연구(Winkelman, 1994)에서도 문화적 차이를 이해하고 심리적, 행동적 변화에 대해 단순한 이해를 하고 있는 것만으로도 문화적응에 도움이 될 수 있다고 밝히고 있다.

셋째, 본 연구결과에서 제시하고 있는 것처럼, 탈북자들이 남한사람들과 긍정적인 인간관계를 유지할 수 있도록 사회적 지원이나 인간적 배려가 필요함을 시사하고 있다. 적응교육기간 중 탈북자들에 대한 심리적 지원은 매우 취약한 것이 사실이다. 몇몇 종교단체를 중심으로 일시적이고 단순한 만남이 대부분이며, 이들이 남한사람들과 어울리며 서로에 대해 인간적으로 이해할 수 있는 여건은 매우 부족하다. 남한사람과의 만남의 시간은 그들이 남한사회를 정확히 이해하고 그 차이점을 충분히 체험할 수 있는 좋은 기회이다. 따라서 탈북자들의 남한사회 적응에 도움이 되도록 여러 경로를 통해 소규모 교류와 대화의 장이 마련되어야 할 것이다. 이러한 여건 마련 외에도 개인적인 이해의 기회가 필요하다. 즉, 전문적인 심리상담을 할 수 있는 제도적 장치를 마련하고 탈북자들이 충분한 시간을 가지고 개인적인 측면의 남한사회 이해를 위한 여건조성도 매우 중요할 것이다.

넷째, 본 연구를 통해 나타난 결과들은 남한사회가 통일에 대비하여 무엇을 어떻게 준비해야 할 것인가를 예시해준다. 광의적으로 보면 탈북자들의 남한사회 적응을 돕는 것은 장차 남북통합의 매개 역할을 담당할 수 있는 사람들을 육성함을 의미한다. 남한사회 성공적으로 적응한 탈북자들은 누구보다도 북한과 남한의 동질성과 차이를 몸으로 겪으며 느낀 사람들이다. 동서독 통합 이후의 심리적 통합문제를 미처 준비하지 못했던 독일은 통합초기 동서독 사람들 간 상당한 심리적 갈등을 겪었다. 그러한 심리적 갈등이 편견과 차별로 발전함으로써 많은 사회적 문제를 유발시켰다. 집단 간 심리적 갈등으로 야기된 사회적 문제는 단순한 방법이나 일순간에 해결되지 못할 뿐만 아니라 구 동서독 간 지역갈등의 원인이 되기도 했으며, 정치, 경제, 사회 등 모든 분야에 걸쳐 잠재적 갈등원인을 제공하기도 했다. 남북한 관계는 과거 동서독 통일 시 제반 여건보다도 열악하다. 경제규모 차이나 정치적 여건을 차치하더라도 남북한 사람들 간의 왕래는 물론이거니와 북한사람들이 남한사회에 대해 인지할 수 있는 수단이나 방법이 거의 없는 실정이다. 따라서 남북한 통합 후 발생할 수 있는 심리적 갈등은 동서독 통합 후 발생했던 문제들과는 비교되지 않을 정도로 매우 심각할 것이다. 남북한 통합 후 발생할 수 있는 갈등문제를 누구보다도 잘 이해할 수 있으며 갈등해결의 매개 역할을 할 수 있는 사람들이 남북한 집단의 중간에 위치한 탈북자들이다. 이들은 북한사회의 특성을 누구보다도 잘 알 뿐만 아니라 남한사회 정착과정에서 겪은 다양한 경험을 통해 자본주의 사회에 적응에 성공한 사람들이다. 따라서 탈북자들의 심리적 부적응 문제를 이해하고 해결하려는 노력은 단순히 남한사회 정착을 지원하는 차원보다도 더 많은 의미가 있는 것이다. 따라서 탈북자 지원문제는 단순한 정착지원 차원 외에도 장차 남북통합 후의 남북 집단 간 심리적 갈등문제를 해결하기위한 사회적, 제도적 준비차원에서 정책적 검토를 통해 무엇이 필요하고 어떻게 보완해야 할 것인지를 면밀히 따져보아야 할 때이다.

다섯째, 현 남북한 정치적 여건을 고려해볼 때 단기간 내 남북한 사람들이 왕래하거나 서로를 이해할 수 있는 환경이나 여건조성은 매우 힘들 것으로 판단된다. 따라서 북한과 북한사람들을 제대로 이해하고 연구할 수 있는 자료를 얻기는 매우 어렵다. 그런 의미에서 북한사람들의 특성을 누구보다도 많이 지니고 있는 탈북자들만이 북한을 제대로 이해할 수 있게 하는 유일한 통로이다. 이들에 대한 국민적 차원의 이해수준이 앞으로 다가올 남북한 통합과정의 혼란과 갈등해결을 최소화 시킬 수 있는 중요한 척도가 될 것이다. 따라서 탈북자들에 대한 집중적이고도 심층적인 연구를 통해 사회적 논점을 제시하고 국민적 차원의 공감대를 형성해나가야 한다. 이에 대한 노력은 학자들만의 몫이 아니다. 장기적이고도 지속적인 정책적 배려와 지원을 통해 연구 성과를 축적시키고 축적된 연구결과들을 토대로 제도적 보완과 더불어 국민적 합의를 이끌어 내는 노력이 필요하다.

3. 연구의 제한점

본 연구의 제한점을 살펴보았다. 첫째, 표본선택의 한계이다. 설문에 응한 탈북자들의 남한사회 정착기간이 최소 6개월 미만에서 3년까지 다양한 시간적 차이를 지니고 있다. 이러한 차이는 적응과정에 대한 연구에는 적합하지만 남북한 사람들의 심리적 특성 비교에는 제한될 수 있다. 본 연구는 탈북자들과 남한사람들의 신념과 가치체계의 차이와 이로 인한 적응상의 문제점과 그 원인을 탐색하기위한 것이다. 탈북자들의 경우 남한사회 정착기간에 따라 본래의 탈북자들이 북한에서 형성된 많은 신념과 가치체계가 적응과정 속에서 시간이 흐르면 흐를수록 변했을 가능성이 매우 높다. 따라서 본 연구의 표본이 탈북자들의 특성을 대표한다고 보기에는 다소 무리가 있다. 따라서 앞으로의 연구에서는 남한정착기간에 따른 특성 변화 추이를 포함한 연구가 필요하다.

둘째, 설문실시방법이 충분히 통제되지 못한 측면이 있다. 본 연구의 설문 진행방법은 두 가지 방식으로 나눠 진행되었다. 연구자가 직접 설문을 실시하거나 제3자를 통해 설문이 실시되었다. 다양한 설문내용으로 말미암아 많은 질문이 있었는데 제3자를 통해 실시된 설문의 경우 질문에 대한 충분한 설명이 제한되었으며 이로 인해 설문내용을 잘못 이해했을 가능성이 있다. 이로 인한 결과의 왜곡가능성을 최소화하기 위해 다양한 대상을 선정하여 가급적 충분한 인원에 대해 설문을 실시하고 답변내용이 부정확할 가능성이 높은 설문지는 제외시켰다. 그러나 정확하게 답변한 설문지만을 선별하기는 실질적으로 많은 제한이 따르기 때문에 이로 인해 오차가 발생할 수 있다.

셋째, 측정하는 방식과 관련된 제한사항이다. 본 연구는 설문을 통해 자기보고식 척도에 의해 측정되었다. 자기보고식 측정은 손쉽게 측정할 수 있다는 장점은 있으나 설문내용을 정확히 이해하지 못했을 경우 실제 본질과 오차가 발생할 수 있다는 단점이 있다. 예를 들면, '권위적'이란 말에 대한 구체적 의미를 해석하는데 있어 남한사람들과 북한사람들 간에 차이가 있을 수 있다. 따라서 충분한 시간을 가지고 연구자 자신이 직접 설명하고 충분히 이해를 시킨 상태에서 설문을 받을 수 있도록 하는 노력이 필요하다. 특히 주요 심리적 상태를 측정하는 척도의 경우 심층면담을 병행함으로써 결과에 내재된 의미를 심도 있게 파악할 필요가 있다.

넷째, 평가결과에 대한 인구통계학적 변인의 영향력을 충분히 설명하지 못했다. 본 연구에 참가한 탈북자들의 배경이 매우 다양했다. 연령 면에서도 20대에서 50대에 이르기까지 다양했으며, 학력

또한 인민학교(남한의 초등학교) 졸업에서부터 적은 수이기는 하지만 대학원 졸업까지 분포하였다. 뿐만 아니라, 탈북자들이 북한에서 누렸던 사회경제적 수준도 많은 차이가 있었다. 이러한 인구통계학적 변인에 의해 발생할 수 있는 차이와 그로 인한 영향력을 보다 체계적으로 규명하지 못했다. 특히 남한사람들과 탈북자들 간에 결혼 비율이나 학력 면에 많은 차이가 있었다. 탈북자들은 약 30%가 미혼이었지만 남한주민들의 경우 약 86%가 미혼이었다. 학력 면에서도 남한사람들은 전원 고졸 이상인 반면, 탈북자들은 인민학교(초등학교) 출신부터 대학 출신까지 다양한 인원이 설문에 응했다. 이러한 평가집단의 차이가 있는 상태에서 남북한 비교결과는 남북한의 실제적 특성 이외에 성차나 학력 등의 차이가 평가결과에 어떻게 반영되었는지 구체적으로 밝히지 못한 채 단순히 비교하는 것은 무리일 수 있다.

다섯째, 북한이탈 배경에 대한 변인들이 연구에 포함되지 않았다. 본 연구에서는 의식구조, 가치체계 등의 차이에 초점을 두고 그에 따른 적응양상과 문제점을 조사하였다. 탈북자들이 북한에서 이탈한 사람들은 북한에 대해 때로는 극렬하게 부정적으로 평가하기도 한다. 이러한 요소들은 탈북자들이 자신들이 속했던 북한과 관련된 평가에 영향을 줄 수 있다. 즉, 부정적 평가가 강하면 강할수록 동일한 문항에 대해 보다 부정적으로 답변함으로써 결과의 정확성을 훼손시킬 가능성이 높다.

4. 후속연구의 제안

본 연구의 시사점과 제한사항을 바탕으로 몇 가지 제안을 하고자 한다. 첫째, 탈북자들의 정착기간별로 적응양상과 문제점을 세밀하게 연구할 필요가 있다. 본 연구에서는 남북한의 심리적 특성과 그 것이 소외감이나 삶의 질에 어떠한 영향을 미치는지에 주로 초점을 맞추고 있다. 그러나 그들이 남한사회 적응과정에 대한 종단적인 연구를 통해, 그들의 적응양상과 문제점을 구체적이고 심층적으로 연구할 필요가 있다. 이러한 연구는 앞의 연구에서 밝히지 못한 구 체적인 심리적 부적응의 원인을 추가적으로 밝혀줄 것이다.

둘째, 탈북자들의 연령별, 성별, 학력별, 그리고 북한에서의 신분 이나 탈북한 원인별로 보다 구체적인 연구가 필요하다. 본 연구에 서는 전체적인 가치체계나 의식구조에 중점을 두었다. 그러나 남북 한 사람 간의 성별로는 어떠한 차이점을 보이는지, 연령별 세대차 이나 그로 인한 세대 가치의 차이는 무엇인지, 학력 수준별 차이는 없는지, 탈북한 원인별로(그것이 긍정적인 의도였는지, 아니면 부 정적 원인에 의해 탈북하게 되었는지) 심층적으로 연구할 필요가 있다. 본 연구에서는 아쉽게도 그러한 측면의 연구가 부족하였다. 후속 연구를 통해 보다 세밀하고 심층 깊게 차이점과 유사점을 밝 히고 남한사회 적응에 부정적 영향을 미치는 것은 무엇이고 긍정적 역할을 하는 것은 무엇인지 밝혀둘 필요가 있다.

셋째, 탈북자들에 대한 고정관념과 편견, 그리고 차별 등을 조사 하고 그것이 사회적 기대감에 어떤 관계가 있으며, 또한 사회적 기 대감이 심리적 부적응에 어떠한 영향을 미치는지 살펴볼 필요가 있 다. 독일통일과정에서 발생한 기대－좌절－적응의 과정이 탈북자들 에게 어떻게 나타나는지에 대한 연구할 필요가 있다. 이러한 연구 를 통해 남북통합과정에 나타날 수 있는 문제점을 예측하고 그 해 결방안을 예시할 수 있을 것이다.

참고문헌

구자숙·한준·김명언(1999). 세대격차와 갈등의 사회심리학적 구조. **심리과학**, 18(2), 서울대학교 사회과학대학 심리과학 연구소.

김명언·김의철·박영신(2000). 청소년과 성인 간의 세대차이와 유사성. **한국심리학회지: 사회문제**, 6(1), 181-204.

김범준(1997). 내집단 자존감과 차별경험이 내외집단에 대한 정보처리와 평가에 미치는 영향. 연세대학교 대학원 박사학위 청구논문.

김영만(2002). 북한사람의 사회적 범주 지각이 고정관념 활성화에 미치는 영향. 미발표 자료.

김영미(1998). 우울성 성격장애 진단의 임상적 타당성 및 유용성 연구. 연세대학교 박사학위 청구논문.

김정규(1995). 남북한 갈등구조의 해소를 위한 방안: 북한주민들의 의식구조 이해. **성신여대사회과학 연구소 제11회 통일문제 학술세미나.**

김정희와 이장호(1986). 사회적 지지 척도제작을 위한 예비적 연구. **고려대학교 행동과학연구**, 8, 143-153.

김진국(1987). 영호남대학생의 상호간 차이지각 연구. **사회심리학연구**, 3(2), 113-147.

김진국(1988). 지역감정의 실상과 그 해소방안. 한국심리학회 편, **심리학에서 본 지역감정**(pp.221-253). 서울: 성원사.

김진국.(1992). **지역감정의 실상과 그 해소방안. 심리학에서 본 지역감정**. 서울: 성원사

김혜숙(1988). 지역 간 고정관념과 편견의 실상-세대 간 전이가

존재하는가? **한국심리학회 편, 심리학에서 본 지역감정** (pp.123-169). 서울: 성원사.

김혜숙(1993). 지역 고정관념이 귀인 판단과 인상형성에 미치는 영향. **한국심리학회지: 사회**, 7(1), 53-70.

김혜숙(2000). 북한사람에 대한 고정관념, 감정과 태도. **남북한의 사회적 통합: 2000년도 한국심리학회 춘계심포지엄**, 67-91.

김혜숙·오승섭(1999). 북한 사람에 대한 대학생과 일반인의 고정관념, 감정과 태도: 외국인에 대한 태도와 비교. **심리과학**, 8(1), 1-22.

김홍규(1992). 남북한 청소년의 이질성과 동질성의 요인분석, 민족정체성과 남북한 청소년. **한국청소년연구원 연구보고서**, 77-85.

나간채(1988). 사회계층 간 사회적 거리감에 관한 연구. 고려대학교 박사학위 청구논문.

나은영(1997). 역고정관념의 활성화와 인상형성: 남녀 고정관념을 중심으로. **한국심리학회 산하 사회 및 성격심리학회 학술발표회 발표논문.**

나은영·민경환(1998). 한국문화의 이중성과 세대차의 근원에 관한 이론적 고찰 및 기존 자료 재해석. **한국심리학회지: 사회문제**, 4(1), 75-93.

나은영·차재호(1999). 1970년대와 1990년대 간 한국인의 가치관 변화와 세대차 증감. **한국심리학회지: 사회 및 성격**, 13(2), 37-60.

동아일보(2000). 386세대의 두 얼굴. 2000년 2월 16자, 29면.

도종수(2000). 남북한 청소년의 사회화 비교. **남북한의 심리적 통합, 2000년도 한국 심리학회 춘계 심포지엄 자료집** (pp.99-113). 한국심리학회.

민경환(1988). 집단 간 갈등ー그 병리의 이해와 처방. **한국심리학회 편, 심리학에서 본 지역감정**(pp.91-121). 서울: 성원사.

민경환(1994). 심리학적 관점에서 본 한국통일. **심리과학**, 3, 84-99.

민성길(2000). **통일과 남북청소년**, 연세대 출판부.

민성길(2001). 북한사람의 인격구조. **연세대학교 통일연구**, 5(2), 5-46.

민성길(2002). 탈북자와 통일준비: **남북한 사람들의 정신사회적 갈등구조 및 그 해소방안**, 연세대 출판부.

박갑수(1993). 북한사회의 집단 적개심과 남북한관계에 미치는 영향. **남북의 장벽을 넘어서: 통일과 심리적 화합**, 서울: 한국심리학회.

박성연(1996). 한국인의 라이프스타일 유형과 특성. **마켓팅연구**, 11(1), 19-35.

박세영(2002). 남북통일의 문화·심리적 장애요인과 이의 극복방안. 통일교육원 편. **통일연구논집 ー남북관계 도약을 위한 설계ー**(pp.469-483).

박재홍(1995). 신세대의 일상적 의식과 하위문화에 관한 질적 연구, **한국사회학회지**, 29(1). 651-685.

박재홍(1999). 기성세대의 생애 사와 세대차이 인지에 관한 연구: 질적 접근, **한국사회학회지**, 33. 257-298.

박지원(1985). 사회적 지지척도 개발을 위한 일 연구. 연세대학교 대학원 박사학위청구논문.

성영신·서정희·심진섭(1995). 남북한의 경제심리비교, 이장호·이춘재(공편), 남북의 장벽을 넘어서, **한국심리학회 통일문제 학술심포지움 논문집.**

송관재(1992). 지각적 특출성과 내외집단편파가 개인의 착각상관에 미치는 영향ー기억추론과 온라인 추론과정의 비교. 연세대학교대학원 박사학위 청구논문.

송인섭(1998). **인간의 자아개념 탐구**. 학지사.

양용운.(1998). 자기충족적 기대, 자아개념 및 적응 간의 관계. 연세대학교 교육대학원 석사학위 청구논문.

오수성(2001). 국제금융위기 후 실직자의 정신건강에 관한연구 - 스트레스 대처양식, 자존감, 사회적 지지를 중심으로, **한국 심리학회지: 일반**, 20(2), 481-497.

울산광역시 교육청(2002). 2002 학교 통일교육의 실제. 울산광역시 교육청.

유성은(1997). 완벽주의적 경향, 사회적 지지, 스트레스에 대한 대처방식이 중년 여성의 우울에 미치는 영향. 고려대학교 석사학위 청구논문.

유성은·권정혜(1997). 완벽주의적 성향, 사회적 지지, 스트레스에 대한 대처방식이 중년여성의 우울에 미치는 영향. **한국 심리학회지: 임상**, 16(2). 67-84.

유연재·김혜숙(2000). '한집단' 범주의 점화가 북한사람에 대한 평가에 미치는 영향. **한국심리학회지: 사회 및 성격**, 14(1), 91-112.

윤인진(1999a). 탈북자의 남한사회 적응실태와 정착지원의 새로운 접근. **한국사회학**, 33, 511-549.

윤인진(1999b). 국내외 탈북자의 생활 실태와 지원 방향. **재외한인학회 연례학술대회 발표 논문집**, 112-131.

윤창명·이순묵(2002). 주관적 삶의 질의 구조모형: 기혼 직장여성을 중심으로. **한국 심리학회지: 여성**, 7(3). 43-72.

이강철·김우성(1997). 한국과 일본의 라이프스타일에 관한 연구. 생활행동을 통해서. **목원대학교 논문집**, 31, 343-360.

이수원(1993). 사회적 갈등의 인지적 기제, **한국심리학회지: 사회, 7(1), 1-22.

이수원·신건호(1995). 남북한의 이데올로기 갈등과 사회발전, 이 장호·이춘재 편, **남북의 장벽을 넘어서, 한국심리학회 통일문제 학술심포지움 논문집.**

이수정(1999). 북한인에 대한 남녀의 편견 연구. **한국심리학회지: 여성,** 4(1), 68-79.

이명신(1998). 근로자의 주관적 삶의 질과 그 영향요인. 연세대학 교 대학원 박사학위 논문.

이명신·이훈구(1997). 주거형태와 주관적 삶의 질. **한국심리학회 지: 사회문제,** 3(1), 97-105.

이영호(1993). 귀인양식, 생활사건, 사건귀인 및 무망감과 우울의 관계: 공변량 구조 모형을 통한 분석. 서울대학교 대학원 석사학위 청구논문.

이옥주(2002). 고등학생의 성격특성에 따른 스트레스 대처양식, **한 국심리학회지: 건강,** 7(3), 487-501.

이장호(1992). **상담심리학 입문.** 서울: 박영사.

이훈구(1997). **행복의 심리학-주관적 안녕감-.** 서울: 법문사.

임현진, 정영철(1999). 사회적 접근을 통한 남북통합의 모색. **통 일연구,** 3, 329-371. 연세대학교 통일연구원.

전우영(1998). 북한에 대한 두 가지 고정관념. **한국심리학회 '98 연차대회 학술발표논문집,** 797-803.

전우영(1999). 남북한 고정관념에 대한 탐색: 성 역할을 중심으 로. **한국심리학회지: 사회 및 성격,** 13(2), 219-232.

전우영·조은경(2000). 북한에 대한 고정관념과 통일에 대한 거리 감. **한국심리학회지: 사회 및 성격,** 14(1), 167-184.

전우택(1995). **통일 한국의 정치심리학-남북한 간 인성통합을 위하여.** 서울. 나남출판.

전우택(1997). 탈북자들의 주요 사회 배경에 따른 적응에 관한 연구-난민, 한국인 이민자, 북한 귀순자를 중심으로. 통일원. **95 북한 및 통일연구 논문집**, 1-66.

전우택(2000). 탈북자들의 남한사회 적응과 심리갈등에 대한 이해. **남북한의 사회적 통합: 2000년도 한국심리학회 춘계심포지엄**, 67-91.

전우택과 민성길(1996). 탈북자들의 심리와 적응상의 문제. 탈북자들의 삶-문제와 대책. **연세대학교 통일연구원.**

전우택, 민성길, 이만홍, 이은설(1997). 북한탈북자들의 남한 사회 적응에 관한 연구. **신경정신의학 36: 1**, 3-18.

전우택(1999). 남한에 있는 탈북자들의 심리적 갈등구조 및 그에 대한 해결방안. **통일연구원 학술회의 총서 99-05.** 탈북자의 보호 및 국내 적응 개선방안, 40-64.

전우택(2000). 통일 이후 우리는 어떻게 하나가 될까?-남북한사회통합 방안. **한국사회문화연구원 심포지움 "남북한 사람들이 하나 되는 길-탈북자들의 사회적응을 중심으로".** 2000년 5월 10일.

전태국(1999). 한국통일의 사회통합적 전망과 과제. **한국사회학회 특별심포지움 「민족통일과 사회통합」 발표논문집**, 79-93.

정용길·박종갑(2001). 서비스 품질과 고객만족 및 재구매의도에 관한 교차문화적 비교연구, 마켓팅 관리**연구, 6(2)**, 85-126.

정진경(1999). 남북한 간 심리적 화합의 준비작업: 문화이해지. **한국심리학회 1999년도 연차학술대회 발표초록집**, 222-224.

정태연(2002). 탈북자들의 심리적 특성연구. **국방부 정책연구과제 보고서.**

정태연(2003). 탈북자가 본 북한의 세대 간 차이점과 유사점: 남한과의 비교를 중심으로, **한국노년학, 23(3)**, 29-47.

조미영.(2001). 대인권력 차이와 사전 기대감이 인상 판단에 미치는 영향. 연세대학교 대학원 석사학위 청구논문.

조선일보(2000). 코멘트 족. 2000년 6월 19일자, 37면.

조영아(2002). 남한 내 북한 이탈주민의 자아방어기제 연구. 연세
　　대학교 대학원 박사학위 청구논문.

차재호(1985). 70년대 말에서의 가치, 태도 및 신념으로 본 한국
　　인의 세대차. 사회**심리연구**, 2(2), 129-168.

차재호(1992). 외국인에 대한 학생 및 성인의 태도. **문교부학술연
　　구조성비 지원 자유공모과제 연구보고서.**

채서일(1992). 체계분석의 틀에 따른 라이프스타일 연구. **소비자
　　학연구**, 3(1), 46-63.

채정민(2003). 탈북자들의 문화적응기제에 대한 연구. 고려대학교
　　박사학위 청구논문.

최상진 · 김기범(1999). 한국인의 Self의 특성: 서구의 self개념과
　　대비를 중심으로. **한국심리학회지: 사회 및 성격**, 13(2),
　　275-292.

최　현 · 김지영(1995). 청소년의 성격형성에 대한 남북한 비교연
　　구, 이장호 · 이춘재(공편), 남북의 장벽을 넘어서, **한국심
　　리학회 통일문제 학술심포지움 논문집.**

통일교육원(1997). 북한이해. 통일교육원.

통일교육원(2000). 북한이해. 통일교육원.

통일부(2003). http://www.unification. or. kr.

한규석(1995). **사회심리학의 이해.** 서울: 학지사.

한규석 · 신수진(1999). 한국인의 선호가치 변화-수직적 집단주의
　　에서 수평적 개인주의로. **한국심리학회지: 사회 및 성격**,
　　13(2), 293-310.

한성열(2002), 이제는 심리적 통합을 준비할 때. **민주평통**, 292, 8.
　　민주평화통일자문회의.

한성열·이홍표(1995). 개인주의-집단주의와 지각된 소외감의 관련성 연구. **한국심리학회지: 사회문제**, 2(1), 113-130.

한성열·허태균·김동직·채정민(2001). 스트레스상황 특성에 따른 적응적인 대체양식: 대처양식의 유연성 제안. **한국심리학회지: 건강**, 6(2), 123-143.

황상민(1997). 부모와 청소년 자녀 간의 세대차에 대한 사회인지적 분석. **한국심리학회지: 발달**, 10(2), 152-166.

황상민(1999). 세대의 계열과 인생주기를 통한 미래사회 성격의 예측. **현상과 인식, 겨울호**.

황상민·양진영(2001). 한국사회의 세대차와 한국인 심리발달의 특성에 대한 탐색. **연세대학교 인간행동연구소 제1차 국제심포지움 자료집**, 6월.

홍기원(1994). 최소집단과 경쟁 집단에서의 성과편파. **한국심리학회지: 사회**, 8(2), 142-155.

Abramson, l. y., Seligman, M. E. P., & Teasdale, J. D.(1978). Learmed helplessness in humans: Critique and reformulation. *Jounal of Abnormal Psychology, 87.* 49-74.

Allport, G.(1954). *The nature of prejudice. Cambridge,* MA: Addi son-Wesley.

Bar-Tal, D., Gaumann, C. F., Kruglanski, A. W., & Stroebe. W.(Eds.)(1989). *Stereotyping and prejudice: Changing conceptions.* New York: Springer-Verlag.

Babad, E., Berniere, F., & Rosenthal, R.(1989). Nonverbal communcation and leak age in the behavior of biased and unbiased teachers. *Journal of Personality and Social Psychology, 56,* 89-94.

Bee, H. L.(2000). *The journey of adulthood,* New Jersey:

Prentice-Hall.

Behavioral confirmation in social interaction: From Social perception to social reality. *Journal of Personality and Social Psychology, 36,* 1202-1212.

Bond, M. H. & Cheung, T. S.(1983). College students' spontaneous self-concept: The effect of culture among respondents in Hong Kong, Japan, and the United States. *Journal of Cross-cultural Pysychology, 14,* 153-171.

Bodenhausen(1990). Stereotypes as judgemental heuristics: Evidence of circadian variations in discrimanation. *Psychological Science, 1 ,* 319-322.

Brewin, C. R.(1985). Depressionand casual attributions: What is their relation? *Psychological Bulletin, 98,* 297-309.

Brown, E. J., & Weiner, B.(1984). Affective consequences of ability versus effort ascription: controversies, resolutions and quandaries. *Journal of Social Psychology, 54,* 316-158.

Cob, S.(1976). Social support as a moderator of life stress, *Psychosomatic Medicine, 38,* 300-314.

Cambell, A.(1976). Subjective measures of well-being. *American Psychologist, 2,* 117-124.

Cambell, A.(1981). *The sense of well-being in America.* New York: McGraw-Hill.

Carey, J.(1994). Multinational enterprise. In L. L. Adler & U. P. Gielen(Eds.), *Cross-cultural topics in Psychology(pp.155-163).* Westport, CT: Praeger.

Cohen, C. E.(1981). Person categories and social per-coption: Testing some boundaries of the processing effects of prior knowlekge. *Journal of Personality and Social Psychology, 40,* 441-452.

Cohen, S., & Hoberman, H. M.(1985). Positive events and social supports as buffers of life change stress. *Journal of Applied Social Psychology, 13,* 99-125.

Conway, M. A.(1997). The inventory of experience: Memory and identity. In J. W. Pennebaker, D. Paez & B. Rime(Eds.). *Collective memory of political events: Social psychological perspec□□tives* (pp.21-45). Mahwah, NJ: Erlbaum.

Cooper, J., & Fazio, R. H.(1979). The formation and persistence of attitudes that suport intergroup conflict. In W. G. Austia & S. Worchel(Eds.) The social psychology of intergroup relations (pp.149-159). Californea; Brooks /Cole.(211-224).

Cox, T.(1993). *Cultural diversity in organizations: Theory research and practice.* San Francisco: Berrett-Koetiler.

Curtis, R. C., & Miller, K.(1986). Believing another likes or dislikes you: Behaviors making the beliefs come true. *Journal of Personality and Social Psychology, 51,* 1284-290.

Diener, E., & Diener, M.(1995). Cross-cultural correates of life satisfation and self-esteem. *Journal of Personality and Social Psychology, 68,* 653-663.

Diener, E,, Sandvik, E., & Pavot, W.(1991). Happiness is frequency, not intensity, of positive versus negative affect. In f. Strack, M. Argyle, & N. Schwarz (Eds.), *Sujective Well-being. New York*: Pergamon press.

Dolard, J., Doob, L. W., Miller, N. E., Mowrer, O. H., & Sears, R. R.(1939). *Frustration and aggression.* New Haven, CT: Yale University Press.

Dovidio, J. F., & Evans, N., & Tyler, R. B.(1986). Racial stereotype: The contents of their cognitive representations. *Journal of Experimental Social Psychology, 22,* 22-37.

Doyule, W. J., Hancock, G., & Kifer, E.(1972). Teachers' perceptions: Do they make a difference? *Journal of the Association for the Study of perception, 7,* 21-30.

Duckitt, Y.(1992). *The social psychology of prejudice.* New York: Praeger.

Erikson, E. H.(1959). *Identity and the life cycle.* New York: International University Press.

Fiske, S. T.(1989). Examinaning the role of intent: Toward understanding its role in stereotyping and prejudice. In J. S. Uleman & J. A. Bargh(Eds.), *Unintended thought(pp.253-286).* New-York: Guilford Press.

Fiske, S. T. & Cox, M. G.(1979). Person concepts: The effect of target familiarity and descriptive purpose on the process of describing others, *Journal of Personality, 47,* 136-161.

Fiske, S. T., Taylor, S. E.(1991). *Social cognition(2nd).* New York: McGraw-Hill, Inc

Fromm, E.(1956). *The Sane society.* London: Routledge & Kegan Paul Ltd.

Gilbert, D. T. & Hixon, T.(1991). The trouble of thinking: Activation and application of stereotypic beliefs. *Journal of Social Psychology, 60* ,509-517.

Gove, W. R.(1972) The relationship between sex roles, matrial status, and mental illness. *Social Forces, 51*, 34-44.

Hamilton, D. L., Stroessner, S. J., and Driscoll, D. M.(1994). Social cognition and the study of stereotypiing. In P. G. Devine, D. L. Hamilton, & T. M. Ostrom(Eds.). *Social cognition: Contributions to classic issues in social psychology.* Springer Verlag.

Hamilton, D. L.(1981). *Cognitive processes in stereotyping and intergroup behavior.* Hillsdale, NJ: Erlbaum.

Harris, M. J., & Rosenthal, R.(1985). Mediation of interpersonal expectancy effects: 31 meta-analysis. *Psychological Bulletin, 97*, 368-386.

Havighurst, R. J.(1948). *Developmental tasks and education.* New York: McKay.

Heider, F.(1958). *The psychology of interpersonal relations.* New York: Wiley.

Higgins, E. T., & Bargh, J. A.(1987). Social cognition and social perception. In M. R. Rosenweig, & L. W. Porter(Eds.), *Annual review of psychology(Vol.38*, pp.369-425). Palo Alto, CA: Annual Reviews.

Higgins, E. T., Rholes, W. S., & Jones, C. R.(1977). Caterory accessibility and impression formation.

Journal of Experimental Social Psychology, 13, 141-154.

House, J. S.(1981). Work Stress and Social Support, Massachusettes: Addision-Wesley Publishing Company.

Inglehart, R., & Abrason, P.(1990). *Culture Shift in Advanced Industrial Society.* New Jersey, Prinston: Princeton University Press.

Inglehart, R.(1997). *Modernization and postmodernization: Cultural, economic, and political change in 43 societies.* Princeton, NJ: Princeton University Press.

Janoff-Bulman, R.(1979). Charactological versus behavioral self-blame: Inquires into depression and rape. *Journal of personality and social psychology, 33,* 508-516.

Jocobs, J. E., & Eccles, J. S.(1992). The impact of mothers' gender-role stereotypic beliefs on mothers' and children's ability perceptions. *Journal of Personality and Social Psychology, 63,* 932-944.

Jones, E. E., Worchel, G. C., & Quattrone, G. A.(1981). Perceived variability of personal charicteristics in in-groups and out-groups: The role of knowledge and evaluation. *Personality and Social Psychology Bulletin, 7,* 523-528.

Judd, C. M., & Park, B.(1988). Out-group homogeneity: Judgement of variability at the invividual and group levels. *Journal of Personality and Social Psychology, 54,* 778-788.

Jussim, L. L., McCauley, C. R., & Yueh-Ting Lee.(1995). Why study stereotype accuracy and in accuracy. In Y-T Lee, L. J. Jussim, & C. R. McCauley(Eds.)

142

Stereotype accuracy: Toward appreciating group differences.(pp.141-156). Washington, D. C. : American Psychological Association.

Kahn, R., & Antonucci, T.(1980). Convoys over the life-course: Attachment, roles and social support. In P Baltes & O. Brin(eds), Life-Span Development and Behavior, 3, 254-286.

Kaplan, B. H., Cassel, J. C., & Gore, S.(1977). Social Support and Health. Medical Care, 15, 50.

Katz, D. & Braly, K. W.(1933). Racial stereotypes of 100 college students. Journal of Abnormal and Social Psychology, 28, 280-290. Korten, F. F.(1974). The influence of culture and sex on the perception of persons. International Journal of Psychology, 9, 31-44.

Katz, P. A.(1976). The acquisition of racial attitude in children. In P. A. Katz(Ed.), Towards the elimination of racism(pp.125-156). New York: Pergamon Press.

Kitayama, S., Markus, H. R., Matsumoto, H., & Norasa-kkunkit, V.(1997). Individual and collec□□tive process in the construction of the self: Self-enhancement in the United States and self-criticism in Japan. Journal of Personality and Social Psychology, 72(6), 1245-1267.

Kohr, H.(1995). Psychological problems in the German unification. 한국심리학회 제1차 통일문제 학술심포지엄 논문집. 중앙적성출판사.

Kruglanski, A. W., & Freund, T.(1983). The freezing and unfreezing of lay inferences; Effects on impressinal primacy, ethnic stereotyping, and numerical anchoring.

Journal of Experimental Social Psychology, 19, 448-468.

Kruglanski, A. W.(1989). *Lay epistemics and human knowledge.* New York; Plenum.

Lee, Y-T, & Duenas, G.(1995). Stereotype accuracy in multicultural business. In Y-T Lee, L. J. Jussim, & C. R. McCauley(Eds.) *Stereotype accuracy: Toward app-reciating group differences.(pp.157-188).* Washin- gton, D. C. : American Psychological Association.

Levinson, D.(1978). *The seasons of a Man's Life.* New York: Ballentine Books.

Linville, P. W., Salovey, p., & Fischer, G. W.(1986). Stereotyping and perceived distributions of social characteristics; An application to ingroup-outgroup perception. In J. F. Dovidio & S. L. Gaerter(Eds.) *Prejudice, discrimanation, and racism (pp.165-208).* Orlando, FL: Academic Press.

Lippman, W.(1922). *Public opinion.* New York: Free Press

Maaz, H. J.(1990). 사이코의 섬.(송동준 역). 민음사.

Maddi, S. R., Kosaba, S. C. & Hoover, M.(1979). *Alienation and Exploratory Behsvior.* University of Chicago.

Mannheim, K.(1976). *Essays on the sociology of knowledge.* New York: Oxford University Press.

Markus, H. R., & Kitayama, S.(1991). Culture and the self: Implications for cognition, emotion, and motivation. *Psychological Review, 98(2),* 224-253.

McClosky, H. & Schaar, J. H.(1965). Psychogical di-mension of anomy. *American Sociological Review, 30,* 14-40.

Merton, R. K.(1949). Discrimination and the American creed. In R. M. MacIver(Ed.), *Discrimination and national welfare*. New York: Institute for Religious and Social Studies. pp.99-16.

Merton, R. K.(1984). The self-fulfilling prophecy. *Anitoch Review, 8,* 193-210.

Moore, B., & Fine, B.(1990). *Psychoanalytic terms and concepts*. New Haven: Yale University Press.

Near, Smith, Rice & Hunt(1983). Job satisfaction and nonwork satisfaction as components of life satisfaction. *Journal of Applied Social Psychology, 13(2),* 126-144.

Nolen-Hoeksema, S.(1987). Sex differences in unipolar depression: Evidence and theory. Psychological Bulletin, 101-259-282.

Nueberg, S. L.(1989). The goal of forming accurate impression during social interactions: attenuation the impact of negative expectancies. *Journal of Personality and Social Psychology, 56,* 374-386.

Palardy, J.(1969). What teachers believe-What students achieve. *Elementary School Journal, 69,* 370-374.

Park, B., & Hastie, R.(1987). Perception of variability in category development: Instance-vrsus abstraction-based stereotype. *Journal of Personality and Social Psychology, 53,* 621-635.

Park, B., & Rothbart, M.(1982). Perception of out-group homogeneity and levels of social categorizations: Memory for the subordinate attributions of in-group and out-group members. *Journal of Persona-*

lity and Social Psychology, 42, 1051-1068.

Purkhardt, S. C.(1993). *Transforming social representa□□-tion,* New York, NY: Routledge.

Rogers, C. R.(1951). *Client-centered therapy.* Boston: Houghton Mifflin.

Rogoff, B.(1990). *Apprenticeship in thinking.* New York: Oxford University Press.

Rosenthal, R., & Jacobson, L.(1968). *Pygmalion in the classroom.* New York: Holt, Rinehart & Winston.

Rosenthal, R.(1973). The pygmalion effect lives. *Psychology Today, 7,* 56-63.

Ruble, D. N., & Stangor, C.(1986). Stalking the elusive schema: Insights from developmental and social-psychological analyses of gender schemas. *Social Cognition, 4,* 227-261.

Segal, J. M.(1990). Agency and alienation: *A theory of human presense,* Savage. Mayland: Rowman & Littlefield.

Sherif, M., Harvey, O. J., White, B. J., Hood, W. E., & Sherif, C. W.(1961). *Intergroup conflict and cooperation: The Robbers cave experiment.* Norman: Institute of Group Relations.

Sherif, M., & Sherif, C. W.(1953). *Groups in harmony and tension.* New York: Harper.

Skrypnek, B. J., & Snyder, M.(1982). Interpersonal expectancy effects: The first 345 studies. *Behavioral and Brain Sciences, 3,* 377-386.

Snyder, M.(1981). On the self-perpetuating nature of social

146

stereotypes. In D. L. Hamilton(Ed.), Cognitive processes in stereotyping and intergroup behavior. Hillsdale, NJ: Erlbaum.

Snyder, M.(1992). Motivational foundations of behavioral confirmation. In *Advances of experimental social psychology(Vol.25,* pp.67-114). M. P. Zanna(Ed.). San Diego, CA: Academic Press.

Snyder, M., & Swann, W. B.(1978). Behavioral confirmation in social interaction: From Social perception to social reality. *Journal of Personality and Social Psychology, 36,* 1202-1212.

Snyder, M., & Tanke, E. D., & Berscheid, E.(1977). Social perception and interpersonal Behavior: On the self-fulfilling nature of social stereotypes. *Journal of Personality and Social Psychology, 35,* 656-666.

Srull, T. K., & Wyer, R. S.(1989). Person memory and judgment. *Psychological Review, 96,* 58-83.

Stern, L. D., Marrs, S., Millar, M. G., & Cole, E.(1984). Processing time and the recall of inconsistent and consistent behaviors of individuals and groups. *Journal of Personality and Social Psychology, 47,* 253-262.

Szalai, A.(1980). The meaning of comparative research on the quality of life. In A. Szalai & F. M. Andrews(Eds.), T*he quality of life: Comparative studies(7-21).* Beverly Hills, California: SAGE Publication.

Triandis(1995). *Individualism and collectivism,* Boulder,

CO: Westview Press.

von Baeyer, C. L., Sherk, D. L., & Zanna, M. P.(1981). Impression management in the job interview: When the female applicant meets the male(chauvinist) interviewer. *Personality and Social Psychology Bulletin, 7,* 45-51.

Weiner, B.(1985). An attributional theory of achievement motivation and emotion. *Psychological Review, 92(4),* 548-573.

Weissman, M. M. & Parkel, E. S.(1974). The depressioned woman: A study of social relationship. University of Chicago press; Chicago, IL.

Westie, F. R.(1953). A Technique for the Measurement of Race Attitudes. *American Socialogical Review, 18(1),* 73-78.

Wiggins, J. S.(1979). A psychological taxonomy of trait-descriptive terms: The interpersonal domain. *Journal of Personality and Social Psychology, 37,* 395-412.

Word, C. O., Zanna, M. P., & Cooper, J.(1974). The nonverbal mediation of self-fulfilling prophecies in interracial interaction. *Journal of Experimental Social Psychology, 10,* 109-120.

Zanna, M. p., & Pack, S. J.(1975). On the self-fulfilling nature of apparent sex differences in behavior. *Journal of Experimental Social Psychology, 11,* 583-591.

Zebrowitz, L. A.(1990). *Social Perception.* Milton Keynes, GB: Open University Press.

부 록

부록 1. 인적사항 질문지

〈남한주민〉

☞ 아래의 질문들은 기초적인 개인정보에 대해 알아보고자 하는 것입니다

1. 성별: ① 남   ② 여
2. 연령(나이):
3. 현재 직업: 1) 대학생 2) 직장인 3) 무직 4) 가정주부
               5) 상인   6) 기타 (기재하여 주십시오:)
4. 결혼 여부: 1) 미혼 2) 기혼
5. 학력 1) 초등학교 졸   2) 중학교 졸   3) 고등학교
          4) 대학교 졸   5) 대학원 졸
6. 종교: ① 개신교 ② 불교 ③ 유교 ④ 천주교 ⑤ 없음 ⑥ 기타
7. 성장기를 보냈던 지역:

8-1. 지역 (   )
      ① 경상도 ② 전라도 ③ 경기도 ④ 서울 ⑤ 강원도
      ⑥ 충청도 ⑦ 제주도
8-2. 규모 (   )
      ① 대도시(직할시 이상) ② 중소도시 ③ 읍 ④ 면이하

〈탈북주민〉

☞ 아래의 질문들은 기초적인 개인정보에 대해 알아보고자 하는
  것입니다

1. 성별: ① 남　　　② 여
2. 연령(나이):
3. 가족관계
　　3-1: 부모 생존 여부 1) 부모 모두 생존
　　　　　　　　　　　　2) 한 분만(부모 중) 생존
　　　　　　　　　　　　3) 부모 사망
　　3-2: 형제 관계 (　　　　남　　　녀 중　　째)
4. 남한사회 정착기간: _____년 _____개월
5. 결혼 여부: 1) 미혼 2) 기혼
　　5-1: 결혼 년 수 _____년 _____개월
　　5-2: 자녀 수 1) _____남 _____여 2) 자녀 없음
6. 학력 1) 인민학교 졸 2) 인민 중등학교 졸 3) 전문대
　　　　4) 대학교 졸　5) 대학원 졸
7. 종교: ① 개신교 ② 불교 ③ 유교 ④ 천주교 ⑤ 없음 ⑥ 기타
8. 성장기를 보냈던 지역:

8-1. 지역 (　　　　)
　　① 평안남도 ② 평안북도 ③ 경기도 ④ 서울
　　⑤ 강원도　⑥ 충청도　⑦ 제주도
8-2. 규모 (　　　　)
　　① 대도시(직할시 이상) ② 중소도시 ③ 읍 ④ 면이하

부록 2. 가치관 척도

* 다음 각 문항에서 두 개의 보기 가운데 귀하의 생각에 조금이
라도 더 가깝다고 생각되는 것을 하나만 골라 _____안에 V
표시를 해주십시오.

1. 요즈음 같은 세상에는
   _____ 1) 충효사상만큼 중요한 것이 없다.
   _____ 2) 충효사상은 그리 중요하지 않다.
2. 사람이 가장 떠받들어야 할 것은
   _____ 1) 자기의 나라이다.
   _____ 2) 자기 자신과 자신의 가족이다.
3. 효도라는 것은
   _____ 1) 자기출세를 포기해서라도 부모를 경제적으로 그리
   고 다른 방법으로 봉양하는 것이다.
   _____ 2) 부모의 봉양이 소홀하더라도 자기의 소질을 충분히
   발휘하여 출세하는 것이다.
4. 내가 어느 직장의 장이나 고용주라면 새로 사람을 쓸 때
   _____ 1) 일의 책임감은 좀 떨어져도 상사에게 고분고분한
   사람을 쓰겠다.
   _____ 2) 상사에게 좀 건방지게 굴어도 자기 할 일을 잘 해
   내는 사람을 쓰겠다.
5. 사회가 질서를 유지하려면
   _____ 1) 상하의 구별이 분명하여야 한다.
   _____ 2) 모든 사람이 높고 낮음이 없고 오로지 일만 나누어
   가지고 있어야 한다.

6. 내가 존경하는 어떤 사람의 생각이 내가 보기에 분명히 틀렸을 때

    _____ 1) 그가 주장하는 것이 옳다고 말하든가 모른 척하는 것이 옳다.

    _____ 2) 정중히 그의 생각이 틀린 점을 지적하는 것이 옳다.

7. 사람들이 함께 행복하게 오래 사이좋게 지내려면

    _____ 1) 자기의 불만을 나타내지 않고 참아야 한다.

    _____ 2) 자기의 불만을 털어놓고 시정을 요구해야 한다.

8. 개인적인 실력이 월등해도 너무 드러나면 남에게 건방지다는 소리를 듣습니다. 그렇다고 드러내지 않으면 실력을 인정받지 못합니다. 이럴 때 어떻게 해야 한다고 생각하십니까?

    _____ 1) 겸손하게 실력을 낮춘다.

    _____ 2) 실력을 드러낸다.

9. 생존경쟁은 낙오자를 도태시키는 경향이 있는데

    _____ 1) 이것은 자연적인 귀결이고 사회를 위해 좋은 일이다.

    _____ 2) 이것은 슬픈 일이며 낙오자를 구제해야 한다.

10. 오늘 인생을 사는 지혜는

    _____ 1) 오늘 못하면 내일이라도 할 수 있다고 여유 있게 마음을 갖는 것이다.

    _____ 2) 오늘 못하면 다시는 못한다고 서둘러 일을 끝내는 것이다.

11. 우리는 외국 사람을 대할 때

    _____ 1) 손님이니까 우리가 다른 우리나라 사람에게 하는 것보다 더 친절히 대해야 한다.

    _____ 2) 우리나라 사람에 하듯 하거나 우리나라 사람 대하는 것보다 더 친절해야 한다.

12. 처음 보는 사람들에게는

    _____ 1) 대체로 친절히 대하는 것이 좋다.

    _____ 2) 대체로 경계하는 것이 좋다.

13. 과거, 현재, 그리고 미래의 셋 중 어느 하나를 버려야 한다면 어느 편을 버리겠습니까?

_____ 1) 미래를 버리고 고거와 현재만 둔다.

_____ 2) 과거를 버리고 현재와 미래만 둔다.

14. 다음 둘 중 하나만 택한다면

_____ 1) 현재를 즐기는 것이 더 중요하다.

_____ 2) 미래를 대비하는 것이 더 중요하다.

15. 전통적인 풍습은

_____ 1) 오늘날 문명의 위기를 극복하는 열쇠이다.

_____ 2) 어디까지나 과거의 세계에 속하고 오늘의 문명을 구하는데 별로 도움이 안 된다.

16. 처녀는 결혼할 때 까지

_____ 1) 정조를 지켜야 한다.

_____ 2) 꼭 정조를 지킬 필요는 없다.

17. 요새 세상에는 결혼한 여자도 남자처럼 밖에 나가 활동을 해야 한다.

_____ 1) 결혼 여자도 남자처럼 밖에 나가 활동을 해야 한다.

_____ 2) 생활이 많이 바빠졌지만 여자의 자리는 역시 가정 안이라고 생각한다.

18. 여자가 결혼한 후에는

_____ 1) 시집에 충성을 다하고 친정과는 가능한 접촉을 끊어야 한다.

_____ 2) 시집식구를 섬기지만 자기 친정식구보다 더 섬길 필요는 없다.

19. 돈이란 것은

_____ 1) 있어도 좋고 없어도 좋은 것이다.

_____ 2) 꼭 있어야 하고 없어서는 안 되는 것이다.

20. 인생을 산다는 것은

_____ 1) 인생을 실수 없이 깨끗이 옳게 사는 것이다.

_____ 2) 인생은 실수를 좀 하더라도 풍부하게 사는 것이다.

21. 직업에는 수입은 어떻든 간에

_____ 1) 귀하고 천한 직업이 있다.

_____ 2) 귀하고 천한 직업이 따로 없다.

부록 3. 세대가치와 라이프스타일 질문지

☞ 다음 문항들을 잘 읽고 아래의 예와 같이 자신이 동의하는 정도를 점수로 표시하십시오. 깊이 생각하지 말고 머릿속에 떠오르는 대로 응답하십시오.

1	2	3	4	5	6
전혀 그렇지 않다	그렇지 않다			그렇다	매우 그렇다

예) 모르는 사람을 보면 부끄럼을 탄다. (5)

1. 나는 일본 문화와 유행에 관심이 많고 개방적이다. ( )

2. 나는 유행에 민감하다. ( )

3. 나는 남북한 통일문제에 관심이 있다. ( )

4. 남의 눈을 의식하지 않고 나만의 개성을 마음껏 발휘한다. ( )

5. 연장자에게는 무조건 순종해야 한다. ( )

6. 나는 원만한 사람으로 보이도록 노력한다. ( )

7. 자식이 연로한 부모를 모시고 사는 것은 당연하다. ( )

8. 나는 외국 문화에 관심을 가지고 빨리 수용한다. ( )

9. 미국은 자국의 이익을 위해 때로는 다른 나라에 피해를 주기도 한다. ( )

10. 돈은 즐기기 위해서 필요하다. ( )

11. 나는 다른 사람을 의식하지 않고 내가 느끼고 경험한 대로 행동한다. ( )

12. 나에게는 일만큼이나 여가도 중요하다. ( )

13. 내가 속한 집단의 가치보다 나 개인의 가치가 더 중요하다. ( )

14. 직업은 무엇보다 내가 좋아하는 일이어야 한다. ( )

15. 자식은 부모의 뜻을 따라야 한다. ( )

16. 구성원이 합의한 규칙은 반드시 지켜야 한다. ( )

17. 가문을 이을 아이는 반드시 아들이어야 한다. ( )

18. 시사 토론이나 뉴스 프로그램을 즐겨본다. ( )

19. 나는 할 말이 있으면 반드시 얘기한다. ( )

20. 자식을 위해서라면 무슨 짓이든지 다 할 수 있다. ( )

21. 일단 결혼한 후에는 무슨 일이 생겨도 참고 살아야 한다. ( )

22. 나이든 어른들에게서 본받을 점이 많다. ( )

23. 논리나 이성보다는 감성과 감각이 더 우선한다. ( )

24. 나는 개인적인 자유가 최대한 존중되는 직업이 좋다. ( )

25. 가족 내의 문제는 가장이 해결한다. ( )

26. 인간관계의 상하서열은 사회의 기본원리로서 중요하다. ( )

27. 딸이든 아들이든 구별 없이 잘 키우면 된다. ( )

1	2	3	4	5	6
전혀 그렇지 않다	그렇지 않다			그렇다	매우 그렇다

28. 부부간에 애정이 없더라도 자식의 장래를 위해서 이혼하지 말아야 한다. ( )

29. 시대에 뒤떨어졌다고 생각하지만, 그래도 아들이 좋다. ( )

30. 시위를 하는 것은 집단의 입장을 밝히기 위한 좋은 방법이다. ( )

31. 나는 사람들에게 인기 있는 직업이 좋다. ( )

32. 결혼할 나이가 되면 당연히 결혼해야 한다. ( )

33. 정부나 사회의 부조리에 대항하기 위해 시위를 해야 한다. ( )

34. 사회적으로 성공하기 위해서는 배경이나 연줄이 중요하다. ( )

35. 내가 힘들더라도 가족을 위해서라면 희생해야 한다. ( )

36. 정치나 사회 문제에 관심이 많고 비판적이다. ( )

37. "어른들의 말을 들으면 자다가도 떡이 생긴다"는 옛말은 옳다. ( )

38. 우리 가족이 경제적으로 풍요롭게 사는 것이 중요하다. ( )

39. 남자는 대의를 위해 일해야 하므로 가사 일에 신경 쓸 필요가 없다. ( )

40. 전통적인(유교적) 도덕 가치들은 인간의 도리로서 지켜야 한다. ( )

41. 부모는 자식이 독자적으로 생각하고 행동 할 권리를 존중해야 한다. ( )

42. 풍요롭게 살기 위해 열심히 돈을 벌어야 한다. ( )

43. 시대가 변해도 전통적인 가르침은 변함없이 지켜져야 한다. ( )

44. 지금의 나는 부모의 희생과 헌신 덕분이다. ( )

45. 돈은 자식의 미래를 위해 쓸 때 가치가 있다. ( )

46. 자식들이 잘 살 수 있도록 해주는 것이 삶의 목표이다. ( )

47. 능력과 학력이 같다면 남녀는 동등한 대우를 받아야 한다. ( )

48. 직업 선택에서 무엇보다 개인능력의 발휘가 중요하다. ( )

49. 성공의 척도는 물질적으로 풍요한 정도이다. ( )

50. 가정에서 남편과 아내가 가사 일을 분담해야 한다. ( )

51. 자기 계발은 삶의 목표이다. ( )

52. 집단과 내 개인의 목표가 다르면 이것은 나에게 심각한 고민이다. ( )

53. 변화가 많은 생활 방식보다는 안정된 생활방식을 추구한다. ( )

54. 직업 선택의 조건에서 무엇보다 안정성이 중요하다. ( )

55. 내 삶의 목표는 남들처럼 잘 살아보는 것이다. ( )

56. 나는 무엇보다 사회적으로 인정받는 직업이 좋다. ( )

부록 4. 귀인양식 질문지

다음과 같은 상황이 당신 자신에게 실제로 일어났다고 상상해 보십시오. 그리고 그 상황이 당신에게 일어났다면 무엇 때문에 일어났겠는가를 상상해 보십시오. 그리고 그 사건이 일어난 원인과 관련된 세 가지 질문에 대답해 주십시오. 해당되는 곳(I)에 V 표시를 하십시오.

1. 직장에서 승진에 탈락하거나 해고를 당한다.
   가) 그것은 당신 때문입니까? 아니면 다른 사람들이나 주변 환경 때문입니까?

   I ------ I ------ I ------ I ------ I ------ I ------ I

   전적으로 다른 사람이나　　　　　　　전적으로 나
   주변 환경 때문이다　　　　　　　　　때문이다

   나) 앞으로 이러한 종류의 상황에서 똑같은 원인이 다시 나타날까요?

   I ------ I ------ I ------ I ------ I ------ I ------ I

   절대로 나타나지　　　　　　　　　　언제나
   않을 것이다　　　　　　　　　　　　나타날 것이다

   다) 그 원인이 이러한 종류의 상황에만 영향을 미치는 것입니까? 아니면 생활의 다른 면에도 영향을 미치는 것입니까?

   I ------ I ------ I ------ I ------ I ------ I ------ I

   오직 이 상황 에만　　　　　　　　　내 생활의 모든
   영향을 미친다　　　　　　　　　　　면에 영향을 미친다

2. 친한 친구가 나를 믿지 못하겠다고 말한다.
   가) 그것은 당신 때문입니까? 아니면 다른 사람들이나 주변
      환경 때문입니까?

   Ⅰ ------ Ⅰ ------ Ⅰ ------ Ⅰ ------ Ⅰ ------ Ⅰ ------ Ⅰ

   전적으로 다른 사람이나   전적으로 나
   주변 환경 때문이다   때문이다

   나) 앞으로 이러한 종류의 상황에서 똑같은 원인이 다시 나
      타날까요?

   Ⅰ ------ Ⅰ ------ Ⅰ ------ Ⅰ ------ Ⅰ ------ Ⅰ ------ Ⅰ

   절대로 나타나지   언제나
   않을 것이다   나타날 것이다

   다) 그 원인이 이러한 종류의 상황에만 영향을 미치는 것입니
      까? 아니면 생활의 다른 면에도 영향을 미치는 것입니까?

   Ⅰ ------ Ⅰ ------ Ⅰ ------ Ⅰ ------ Ⅰ ------ Ⅰ ------ Ⅰ

   오직 이 상황 에만   내 생활의 모든
   영향을 미친다   면에 영향을 미친다

3. 나는 다른 사람들(친구나 애인)을 만날 때 아주 즐거운 시간
   을 보낸다.
   가) 그것은 당신 때문입니까? 아니면 다른 사람들이나 주변
      환경 때문입니까?

   Ⅰ ------ Ⅰ ------ Ⅰ ------ Ⅰ ------ Ⅰ ------ Ⅰ ------ Ⅰ

   전적으로 다른 사람이나   전적으로 나
   주변 환경 때문이다   때문이다

   나) 앞으로 이러한 종류의 상황에서 똑같은 원인이 다시 나
      타날까요?

   Ⅰ ------ Ⅰ ------ Ⅰ ------ Ⅰ ------ Ⅰ ------ Ⅰ ------ Ⅰ

   절대로 나타나지   언제나
   않을 것이다   나타날 것이다

다) 그 원인이 이러한 종류의 상황에만 영향을 미치는 것입니까? 아니면 생활의 다른 면에도 영향을 미치는 것입니까?

I ------ I ------ I ------ I ------ I ------ I ------ I

오직 이 상황 에만   내 생활의 모든
영향을 미친다   면에 영향을 미친다

4. 내가 낸 아이디어가 여러 사람에게 호평을 받는다.

가) 그것은 당신 때문입니까? 아니면 다른 사람들이나 주변 환경 때문입니까?

I ------ I ------ I ------ I ------ I ------ I ------ I

전적으로 다른 사람이나   전적으로 나
주변 환경 때문이다   때문이다

나) 앞으로 이러한 종류의 상황에서 똑같은 원인이 다시 나타날까요?

I ------ I ------ I ------ I ------ I ------ I -----I

절대로 나타나지   언제나
않을 것이다   나타날 것이다

다) 그 원인이 이러한 종류의 상황에만 영향을 미치는 것입니까? 아니면 생활의 다른 면에도 영향을 미치는 것입니까?

I ------ I ------ I ------ I ------ I ------ I ------ I

오직 이 상황에만   내 생활의 모든
영향을 미친다   면에 영향을 미친다

5. 나는 집안일로 식구들과 다투었다.

가) 그것은 당신 때문입니까? 아니면 다른 사람들이나 주변 환경 때문입니까?

I ------ I ------ I ------ I ------ I ------ I ------ I

전적으로 다른 사람이나   전적으로 나
주변 환경 때문이다   때문이다

나) 앞으로 이러한 종류의 상황에서 똑같은 원인이 다시 나
타날까요?

Ⅰ ------ Ⅰ ------ Ⅰ ------ Ⅰ ------ Ⅰ ------ Ⅰ

절대로 나타나지   언제나
않을 것이다   나타날 것이다

다) 그 원인이 이러한 종류의 상황에만 영향을 미치는 것입니
까? 아니면 생활의 다른 면에도 영향을 미치는 것입니까?

Ⅰ ------ Ⅰ ------ Ⅰ ------ Ⅰ ------ Ⅰ ------ Ⅰ

오직 이 상황 에만   내 생활의 모든
영향을 미친다   면에 영향을 미친다

6. 요즘 나는 친구들에게 신망이 높다.

가) 그것은 당신 때문입니까? 아니면 다른 사람들이나 주변
환경 때문입니까?

Ⅰ ------ Ⅰ ------ Ⅰ ------ Ⅰ ------ Ⅰ ------ Ⅰ

전적으로 다른 사람이나   전적으로 나
주변 환경 때문이다   때문이다

나) 앞으로 이러한 종류의 상황에서 똑같은 원인이 다시 나
타날까요?

Ⅰ ------ Ⅰ ------ Ⅰ ------ Ⅰ ------ Ⅰ ------ Ⅰ

절대로 나타나지   언제나
않을 것이다   나타날 것이다

다) 그 원인이 이러한 종류의 상황에만 영향을 미치는 것입니
까? 아니면 생활의 다른 면에도 영향을 미치는 것입니까?

Ⅰ ------ Ⅰ ------ Ⅰ ------ Ⅰ ------ Ⅰ ------ Ⅰ

오직 이 상황 에만   내 생활의 모든
영향을 미친다   면에 영향을 미친다

164

7. 마음에 드는 사람이 나와의 만남을 거절했다.

　가) 그것은 당신 때문입니까? 아니면 다른 사람들이나 주변
　　　환경 때문입니까?

Ⅰ ------ Ⅰ ------ Ⅰ ------ Ⅰ ------ Ⅰ ------ Ⅰ ------ Ⅰ

　　전적으로 다른 사람이나　　　　　　　　전적으로 나
　　주변 환경 때문이다　　　　　　　　　　때문이다

　나) 앞으로 이러한 종류의 상황에서 똑같은 원인이 다시 나
　　　타날까요?

Ⅰ ------ Ⅰ ------ Ⅰ ------ Ⅰ ------ Ⅰ ------ Ⅰ ------ Ⅰ

　　절대로 나타나지　　　　　　　　　　　언제나
　　않을 것이다　　　　　　　　　　　　　나타날 것이다

　다) 그 원인이 이러한 종류의 상황에만 영향을 미치는 것입
　　　니까? 아니면 생활의 다른 면에도 영향을 미치는 것입니
　　　까?

Ⅰ ------ Ⅰ ------ Ⅰ ------ Ⅰ ------ Ⅰ ------ Ⅰ ------ Ⅰ

오직 이 상황 에만　　　　　　　　　　내 생활의 모든
영향을 미친다　　　　　　　　　　　　면에 영향을 미친다

부록 5. 특질형용사를 이용한 고정관념
측정 질문지

I. 다음은 특정한 어떤 특성을 가진 사람들에 대해 여러분이
어떻게 지각하고 있는지를 알아보기 위한 것입니다. 아래에
제시되어 있는 각 특성들에 대하여 해당된 특정사람들의 몇
%가 그 특성을 지니고 있다고 추정하십니까?
여러분이 추정한 %를 해당항목 옆의 _____ 에 적어 주십시오.

탈 북 자

_____신경질적이다	_____무식하다
_____거칠다	_____부지런하다
_____겸손하다	_____분별력 있다
_____경쟁적이다	_____반항적이다
_____고집이 세다	_____비판적이다
_____지저분하다	_____생활력이 강하다
_____불쌍하다	_____열의가 있다
_____천박하다	_____예의바르다
_____순수하다	_____예측할 수 없다
_____교활하다	_____이기적이다
_____까다롭다	_____정이 많다
_____꼼꼼하다	_____조심성 있다
_____날까롭다	_____지배적이다
_____냉정하다	_____책임감 있다
_____도덕적이다	_____충동적이다
_____무뚝뚝하다	_____사교적이다
_____믿고 의지할만하다	_____악착같다
_____믿을 수 없다	_____희생정신이 강하다
_____변덕스럽다	_____봉사적이다
_____복종적이다	

부록 6. 소외감 척도

다음은 여러분이 지난 몇 달 동안 당신의 삶에 대해서 어떻게 느끼셨는지 알아보고자 합니다.
당신이 느꼈던 삶을 잘 생각해 보시고 아래의 예처럼 %를 표기해 주십시오.

예) 남들이 나를 자랑스럽게 생각하는 것 같다. (45%)

1. 나는 내가 도대체 왜 일하는지 모르겠다. (%)
2. 대부분의 인생이 무의미한 활동 속에서 낭비되고 있다.
    (%)
3. 일상적인 작업은 너무 지루해서 일할 가치가 없다.
    (%)
4. 열심히 일 해보았자 그것이 어차피 차이가 없기 때문에 최선을 다할 필요가 없다. (%)
5. 나는 나의 직무를 좋아하지도 않고 나의 일을 즐기지도 않는다; 나는 적당히 일하고 보수를 받는다. (%)
6. 어떤 사람은 자신이 하는 일이 사회에 가치가 있다고 생각하는데 나는 그러한 말을 믿기가 어렵다. (%)
7. 내 자신을 알고자 하는 노력은 헛된 일이다. (%)
8. 약을 먹고 황홀한 경험을 해보고 싶다. (%)
9. 내가 아무리 열심히 노력하더라도 나의 노력은 허사가 될 것이다. (%)
10. 인생은 헛된 것이며 나에게 아무런 의미도 없다.
    (%)

11. 나는 내 마음을 모를 때가 자주 있다. (%)

12. 불행하게도, 사람들은 자신이 단지 피조물에 불과하다는 것을 모르는 것 같다. (%)

13. 정치가들은 우리 삶을 통제한다. (%)

14. 법은 너무 불공평하기 때문에 나는 법적으로 어떤 것도 하고 싶지 않다. (%)

15. 당신이 사회에 개입하는 단 하나의 이유는 권력을 얻기 위해서이다. (%)

16. 우리 사회에는 귀중한 가치나 목표가 없다. (%)

17. 내가 투표하기를 꺼리는 이유는 어느 후보자도 사회를 더 좋게 변화시킬 능력이 없기 때문이다. (%)

18. 나는 매우 위험하고 극적인 저항 운동에 참여하는 사람을 좋아한다. (%)

19. 모든 사람들이 자신의 목적을 위해 당신을 이용하려 한다. (%)

20. 사람들을 사랑하거나 돌보려고 왜 고생하는가?; 결국 그들은 당신에게 상처를 줄 뿐이다. (%)

21. 떠들썩한 잔치는 내게 아주 흥미가 있다. (%)

22. 나는 남들로부터 강요당하지 않으려고 그들과의 친밀한 관계를 피한다. (%)

23. 대부분의 사회적 관계는 무의미하다. (%)

24. "사랑이 세상을 유지한다"고 믿는 사람은 어리석다. (%)

25. 나는 자녀가 결혼한 후에는 이따금씩 거는 전화를 제외하고는 곧 나의 자녀와의 어떤 접촉도 피할 것이다. (%)

26. 당신의 가정생활을 보완하기 위하여 다른 비밀스러운 생활을 갖는 것은 아주 재미있을 것이다. (%)

27. 부모는 자식을 위해 열심히 일하지만, 단지 실망하고 배척을 받을 뿐이다. (%)

28. 이상하게 보일지 몰라도, 내가 생동감을 느낄 때란 가정이 위기에 처했을 때이다. (%)

29. 집과 가정은 나에게 결코 좋은 곳이 되지 못했다. (%)

30. 가정은 안정과 따뜻함을 제공하지 않는다.; 가정은 사람을 구속시키고 불필요한 많은 책임을 부여한다. (%)

부록 7. 주관적 삶의 질 척도

다음은 여러분이 지난 몇 달 동안 당신의 삶에 대해서 어떻게 느끼셨는지 알아보고자 합니다.

당신이 느꼈던 삶을 잘 생각해 보시고 해당되는 칸에 기술하거나 ∨ 표시를 해 주십시오.

(보기) **만일 당신의 삶이 아주 기뻤다면**

기쁜 1ˇ   2   3   4   5   6   7   슬픈

만일 당신의 삶이 기쁘지도 슬프지도 않았다면

기쁜 1ˇ   2   3   4   5   6   7   슬픈

만일 당신의 삶이 아주 슬펐다면

기쁜 1ˇ   2   3   4   5   6   7   슬픈

1. 당신은 지난 몇 달 동안 어떻게 느끼셨습니까?

(1) 재미있는   1   2   3   4   5   6   7   지루한

(2) 즐거운   1   2   3   4   5   6   7   비참한

(3) 가치 있는   1   2   3   4   5   6   7   쓸모없는

(4) 우호적인   1   2   3   4   5   6   7   외로운

(5) 가득 찬   1   2   3   4   5   6   7   텅 빈

(6) 희망적인   1   2   3   4   5   6   7   비관적인

(7) 보람 있는   1   2   3   4   5   6   7   실망스러운

(8) 행운이 따르는   1   2   3   4   5   6   7   운이 없는

2. 모든 점을 고려해 볼 때, 당신은 자신의 생활에 어는 정도 만족하십니까?

0% 10 20 30 40 50 60 70 80 90 100%

부록 8. 욕구충족도 – 행복한 삶의 조건

3. 행복한 삶을 사는데 있어 아래 조건은 당신에게 어는 정도로 중요합니까?

1	2	3	4	5
매우 중요하지 않다	중요하지 않다	보통이다	중요하다	매우 중요하다

1) 환경오염이 없는 곳에서 사는 것　　　　　(　　　)

2) 경제적으로 여유 있게 사는 것　　　　　(　　　)

3) 범죄가 없어서 안심하고 살 수 있는 것　(　　　)

4) 좋은 직장을 갖는 것　　　　　　　　　(　　　)

5) 행복한 가정생활　　　　　　　　　　　(　　　)

6) 돈독한 우정　　　　　　　　　　　　　(　　　)

7) 전문지식과 기술을 습득하는 것　　　　　(　　　)

8) 남으로부터 존경을 받는 것　　　　　　　(　　　)

9) 일에서 보람을 느끼는 것　　　　　　　　(　　　)

10) 삶에서 보람을 느끼는 것　　　　　　　　(　　　)

부록 9. 사회적응 척도

> Ⅰ. 다음은 여러분의 경제적 상태와 대인관계를 알아보기 위한
> 질문입니다.
> 해당되는 칸에 기술하거나 ∨ 표시를 해 주십시오

1. 경제적 상태

1) 귀하의 한 달 평균 수입은 어느 정도 입니까?
------- 적어주십시오 (   )원

2) 귀하는 현재의 수입에 만족하십니까?
------- 해당되는 곳에 ∨ 표시 해 주십시오.

1	2	3	4	5	6	7
전혀 그렇지 않다	그렇지 않다	약간 그렇지 않다	그저 그렇다	약간 그렇다	그렇다	매우 그렇다

3) 현재의 수입에 만족하지 않는다면 그 이유가 무엇인지 아래에서
골라 주십시오. (   )
1) 돈 액수 자체가 생활비에도 미치지 못하기 때문에
2) 남한사람에 비해 상대적으로 적기 때문에

4) 귀하는 현재의 수입에 만족하지 않는다면 적정한 수입액
수는 얼마 정도여야 된다고 생각합니까?
(   )원

2. 가사 및 직장생활

1) 지난 두 달 동안 집안 살림(청소, 빨래 등의 가사)을 제대로 하지 못한 날이 얼마나 됩니까? (   )
   ① 0일 ② 1-2일 ③ 3-7일 ④ 8-14일 ⑤ 15일 이상

2) 집안일을 제대로 해 나가지 못한다는 느낌이 있었습니까? (   )
   ① 전혀 없었다 ② 약간 있었다 ③ 꽤 많았다 ④ 아주 많았다

3. 부부관계

1) 지난 두 달 동안 배우자와 다투거나 싸운 적이 있습니까? ()
   ① 아무 문제없이 잘 지냈다
   ② 사소한 말다툼이 있었으나 별 문제 없었다
   ③ 약간의 말다툼이 있었다   ④ 여러 번 싸웠다
   ⑤ 잦은 말다툼으로 심각한 사이이다

2) 가정 내의 문제나 어려움에 대해 배우자와 대화하는 데 어려움이 있었습니까? (   )
   ① 전혀 없었다   ② 약간 있었다
   ③ 꽤 많았다   ④ 아주 많았다

3) 부부간의 애정표현 및 성관계에 대해 얼마나 만족하고 있습니까? (   )
   ① 매우 불만족스럽다 ② 약간 불만족스럽다
   ③ 그저 그렇다 ④ 꽤 만족한다 ⑤ 아주 만족한다

4) 현재 부부관계에서 얼마나 행복하게 느끼십니까? (　　)
　　① 매우 불행하다　② 약간 불행하다　③ 보통이다
　　④ 꽤 행복하다　⑤ 아주 행복하다

4. 부모-자녀관계

1) 지난 두 달 동안 자녀문제로 인해 짜증을 내거나 심하게
　　야단 혹은 체벌을 한 적이 있습니까? (　　)
　　① 전혀 없었다　　　　② 약간 있었다
　　③ 꽤 많았다　　　　　④ 아주 많았다

2) 자녀가 잘못했을 때 잘못한 점을 깨닫도록 설명하고 지도
　　하는데 어려움을 느꼈습니까? (　　)
　　① 전혀 느끼지 않았다　② 약간 느꼈다
　　③ 꽤 느꼈다　　　　　④ 많이 느꼈다

3) 자녀들과 사이가 좋다고 느끼십니까? (　　)
　　① 사이가 매우 나쁘다　② 사이가 약간 나쁘다
　　③ 보통이다　　　　　　④ 사이가 좋다
　　⑤ 사이가 매우 좋다

5. 친구관계

1) 현재 가깝게 지내는 친구가 몇 명이나 됩니까?
　　남한 친구의 경우 (　　)

　　① 전혀 없다　② 1-2명 정도　③ 3-4명 정도　④ 5명 이상

탈북자 친구의 경우 (   )

① 전혀 없다 ② 1-2명 정도 ③ 3-4명 정도 ④ 5명 이상

2) 최근 두 달 동안 친구들을 만났을 때, 마음이 서로 통할만
큼 친밀한 관계를 맺는데 어려움이 있었습니까? (   )

① 전혀 없다 ② 1-2번 정도 ③ 3-4번 정도 ④ 5번 이상

3) 최근 두 달 동안 친구들과의 관계에서 얼마나 만족을 느
끼십니까? (   )

① 매우 불만족스럽다   ② 약간 불만족스럽다
③ 그저 그렇다   ④ 꽤 만족한다
⑤ 아주 만족한다

4) 최근 두 달 동안 친구들과의 관계에서 불편함을 느끼셨습
니까? (   )

① 전혀 느끼지 않았다 ② 약간 느꼈다
③ 꽤 느꼈다   ④ 많이 느꼈다

· 저자 ·

김영만(金玲滿)　·약력·

한국외국어대학교 독일어과 졸업
연세대학교 대학원 심리학 석사
연세대학교 대학원 심리학 박사

연세대 인간행동연구소 전임 연구원

·주요논저·

「노숙자들의 심리적 상태 및 생활에 관한 현장연구」
「탈북자가 본 북한의 세대간 차이점과 유사점」
「남한사회의 생활경험이 탈북자에게 미치는 영향」
「탈북자들의 소외감과 고정관념」
외 다수

본 도서는 한국학술정보(주)와 저작자 간에 전송권 및 출판권 계약이 체결된 도서로서, 당사와의 계약에 의해 이 도서를 구매한 도서관은 대학(동일 캠퍼스) 내에서 정당한 이용권자(재적학생 및 교직원)에게 전송할 수 있는 권리를 보유하게 됩니다. 그러나 다른 지역으로의 전송과 정당한 이용권자 이외의 이용은 금지되어 있습니다.

대한민국에 사는 탈북자(새터민)들의 적응실태

· 초판 인쇄	2005년 10월 10일
· 초판 발행	2005년 10월 10일
· 지 은 이	김영만
· 펴 낸 이	채종준
· 펴 낸 곳	한국학술정보㈜
	경기도 파주시 교하읍 문발리 526-2
	파주출판문화정보산업단지
	전화 031) 908-3181(대표) · 팩스 031) 908-3189
	홈페이지 http://www.kstudy.com
	e-mail(e-Book사업부) ebook@kstudy.com
· 등 록	제일산-115호(2000. 6. 19)
· 가 격	11,000원

ISBN　　89-534-3502-1 93330 (Paper Book)
　　　　89-534-3503-X 98330 (e-Book)